リクルート事件と
失われた
日本経済20年
の謎

江《え》副《ぞえ》浩《ひろ》正《まさ》
元会長の霊言

RYUHO OKAWA
大川隆法

まえがき

リクルート社の創業者で、リクルート事件の主役にもなった江副浩正《えぞえひろまさ》・元会長の霊言である。亡《な》くなられてから一年して収録され、さらに、一年寝《ね》かせてからの発行となる。

アベノミクスで安倍政権がミニバブルを起こそうとやっきになっている時代を背景に、いま一度リクルート事件とは何だったのか、その教訓を学び直す時機《じき》が来ていると判断したからである。

本書は、日本文化論としても秀逸《しゅういつ》であるばかりでなく、政治学や経済学のテキストとしても十分に使える内容となっている。

起業家《きぎょうか》にとっては一種の帝王学《ていおうがく》の学びともなり、ビジネスマンにとっては、足をすくわれずに出世する法にもなっているだろう。また現代のビヒモス（伝説の陸の怪獣）やリヴァイアサン（伝説の海の怪獣）ともなっている、新聞・テレビ等のマスコミを研究するための必携《ひっけい》の実用書ともなっているのではないかと思う。元・マスコミ人による「マスコミ学」でもあるからだ。

二〇一六年　二月三日

幸福《こうふく》の科学《かがく》グループ創始者兼総裁《そうししゃけんそうさい》　大川隆法《おおかわりゅうほう》

リクルート事件と失われた日本経済20年の謎　江副浩正元会長の霊言　　目次

リクルート事件と失われた日本経済20年の謎《なぞ》

江副《えぞえ》浩正《ひろまさ》元会長の霊言《れいげん》

二〇一四年五月九日　収録
東京都・幸福の科学総合本部にて

「霊言《れいげん》現象」とは、あの世の霊存在の言葉を語り下ろす現象のことをいう。これは高度な悟《さと》りを開いた者に特有のものであり、「霊媒《れいばい》現象」（トランス状態になって意識を失い、霊が一方的にしゃべる現象）とは異なる。

なお、「霊言」は、あくまでも霊人の意見であり、幸福の科学グループとしての見解と矛盾《むじゅん》する内容を含《ふく》む場合がある点、付記しておきたい。

リクルート事件と失われた日本経済20年の謎《なぞ》
江副浩正《えぞえひろまさ》元会長の霊言《れいげん》

二〇一四年五月九日　収録
東京都・幸福の科学総合本部にて

江副浩正《えぞえひろまさ》（一九三六～二〇一三）

実業家。リクルートホールディングス創業者。東京大学教育学部卒業。大学在学中、東京大学新聞での営業経験をもとに、リクルートの前身である大学新聞広告社を設立。進学・就職・転職や不動産、旅行等の情報誌を次々と創刊するとともに、人材派遣《はけん》や不動産、IT等の関連事業を展開し、急成長。一九八八年、「リクルート事件」が発生し、同社会長を退任。贈賄《ぞうわい》罪により有罪判決を受けた。

質問者　※質問順

酒井太守《さかいたいしゅ》（幸福の科学宗務《しゅうむ》本部担当理事長特別補佐《ほさ》）

綾織次郎《あやおりじろう》（幸福の科学常務理事 兼「ザ・リバティ」編集長 兼 HSU講師）
〔収録時点・幸福の科学上級理事 兼「ザ・リバティ」編集長 兼 HSU講師〕

小林早賢《こばやしそうけん》（幸福の科学理事 兼 名古屋正心館《しょうしんかん》館長）
〔収録時点・幸福の科学広報・危機管理担当副理事長 兼HSU名誉顧問〕

1　リクルート創業者、江副浩正《えぞえひろまさ》氏を招霊《しょうれい》する

バブル期、学生起業家としてリクルートを創業した江副《えぞえ》氏

大川隆法　若い人たちには少し分かりにくくなってきているかもしれませんが、いわゆるバブル期を経験した人であれば、リクルートという会社が、江副浩正《えぞえひろまさ》という学生起業家のつくった会社であることは、よくご存じでしょう。

学生時代に始めた事業という点では、ビル・ゲイツやスティーブ・ジョブズのような人が始めた事業にもよく似ており、東京大学新聞の広告取りを始め、ビルの屋上の掘《ほ》っ立て小屋を借りたあたりから大きくなっていきましたが、広告を取る事業としては、意外にニッチ産業だったため、急速に大きくなり、ほとんど独占《どくせん》状態で大手になった企業《きぎょう》です。

江副氏は私よりも二十歳《さい》ぐらい上の方です。私の学生時代にも、就職期には、リクルートから会社の説明資料が段ボール箱でドーッと、タダで送られてきて、何とも不思議な感じがあったのを覚えています。

八〇年代のバブル成長期に、ちょうど羽振《はぶ》りよくいっていたわけですが、一九八八年ぐらいに、いわゆる「リクルート事件」があり、新聞等でだいぶ報道されました。江副氏は、関連会社であるリクルートコスモス社をつくって、その未公開株を政治家や財界人、あるいは官僚《かんりょう》など、いろいろな人に配《くば》ったことが問題になり、八九年に逮捕《たいほ》されたのです。そして、二〇〇三年、東京地裁が「懲役《ちょうえき》三年、執行猶《しっこうゆう》

リクルート事件　1988年10月19日、東京地検はリクルートコスモス本社を家宅捜索。同社の未公開株が政治家や官僚、通信業界関係者等に譲渡されたことが贈賄に当たるとされて多数の逮捕者を出し、大きな社会問題となった。

予《よ》五年」の有罪判決を言い渡《わた》しました。そういう事件です。

「学生起業家から始め、一代の成功者として名をとどめそうな感じだったのに、途中《とちゅう》で失速して転落した」という典型的なパターンが見えますが、グーッと上がってパタッと落ちたような感じでした。ちなみに、「龍《りゅう》を目指して、龍になり損《そこ》ねて落ちた」ようなかたちだったので、今日は、私も「竜《たつ》の落とし子」のブローチを着けてきました（笑）。

それはさておき、こうした「罠《わな》」はいろいろなところであると思いますので、何らかの参考になることがたくさんあるのではないでしょうか。

企業《きぎょう》が一定以上の規模になると、要求される「作法」も変わる

大川隆法　それから時間をおいて、二〇〇〇年代に起きたホリエモン（堀江貴文《ほりえたかふみ》氏）の事件なども、少し似たような感じがあります。彼の会社も急速に成長し、社員三千人ぐらいまでいったものの、「ライブドア事件」が起き、パタッと潰《つぶ》れました。

それぞれ、小さいときにはうまくいっていたことであっても、企業《きぎょう》規模が一定以上になってくると、要求される倫理《りんり》基準や作法が違《ちが》ってくるわけです。経営のトップがイノベーションをかけて、自分自身の振る舞《ま》い方や身の処《しょ》し方、あるいは、法律や経済的な規則等をよく見て、やってよいこと、悪いことなどを判断できる才能がないと、小さいときにはできたことが、大きくなったらできなくなることもあります。

これが、だいたい、「上場前の会社」と「上場後の会社」の違いでもあるでしょう。今までできたことが、できなくなることがあるわけですが、この「切り替《か》わり」については、教科書には書いていないし、経験した人も数が少ないので、なかなかそう簡単には分からないのです。この感覚なのだと思います。

ライブドア事件　2004年の決算報告で大幅な粉飾を行い、証券取引法違反に問われた堀江社長（当時）は懲役2年6カ月の実刑判決を受けた。

江副氏も、若いころに成功したやり方をずっと続けていて、大学新聞のときのように、いろいろなところへ頼《たの》みに行き、数多く広告を取って本をつくっていました。そして、それをタダで学生に送ってでも儲《もう》かるような企業をつくり、一大事業としてギューッと大きくなっていって、銀座《ぎんざ》に本社を構えたわけです。

東京・銀座に構えられたリクルート本社ビル（写真・1988年7月ごろ）。

「江副氏は有罪」という〝空気〟をつくったマスコミの嫉妬《しっと》

大川隆法　当時、「銀座に本社を構えたら、だいたい会社は潰れる」という噂《うわさ》はすでにあったのですが、リクルートも、銀座に本社を構えたあたりで、「ああ、そろそろ、やられるかもしれない」という感じが多少出ていました。

そういう時期は、いい格好をすると嫉妬《しっと》が出てくるころなのです。

リクルートは、「学生を相手にした就職情報誌」という意味では敵なしだったのですけれども、傘下《さんか》のリクルートコスモスは、住宅販売《はんばい》等の不動産事業のほうに手を出したことで、のちのち問題となります。名前を出してはいけないかもしれませんが、大手新聞社もそうした不動産情報誌のほうに手を出していたため、実は、そのマーケットに手を突《つ》っ込《こ》んだところあたりが、身の破滅《はめつ》のもとになったのではないかと言われています。

つまり、「こちらのテリトリーに手を出すんだったら、ただでは済まさん」ということで、新聞の一面記事で追及《ついきゅう》された場合、日本では騒《さわ》がれただけで〝罪〟になりますので、それで捕《つか》まったかたちになりました。

しかし、法律の観点としては、刑法《けいほう》上、「法律の不遡及《ふそきゅう》の原則」というものがあって、「その行為《こうい》をしたときには禁じられていなかったことが、あとからつくられた法律や解釈《かいしゃく》によって、遡《さかのぼ》って有罪にされる」ということは、法治《ほうち》国家においては、あってはならないことなのです。

しかし、これは、そういうことが行われた例でしょう。毎日のように新聞でどんどん報道されたため、裁判所も検察庁も動かざるをえなくなり、「見せしめのために、逮捕しなければいけない」という感じになった事件かと思います。

これは、「嫉妬」が原因ではあるでしょう。値上がり確実の未公開株がみんなの手に入るのならよいのですが、それが手に入るのは、政治家や高級官僚、財界人あたりの、ごく一部の人しかなく、（江副氏は）商売の発展に役立ちそうなところに配って歩いたわけです。

ただ、そういうことは、実は、江副氏は会社が小さいときからやっていたようです。最初から、区役所あたりまで配るようなことをやっていて、「儲かった」と、みんなに喜ばれ、感謝されていたのですが、そのころは罪にならなかったわけです。

しかし、大物政治家や総理大臣経験者、現職の大臣に未公開株を渡したり、文部次官室で堂々と未公開株を渡したりと、だんだん態度が大胆《だいたん》になってき始めたあたりで、やはり、少し用心が足りなかったという感じがします。

これは、「本来、法律解釈上は無罪である」と、私は思います。「株をもらえば、必ず確実に上がる」などという保証は絶対にありませんし、「新しく会社をつくるので、絶対に上がります」と本人は言ったのかもしれませんが、株は、実際上、損をすることのほうが多いのです。したがって、「これが賄賂《わいろ》になる」という認定は、本来は無理でしょう。

しかし、裁判官も〝人の子〟なので、周りが騒いで、「有罪だ、有罪だ」と言っていると、やはり、有罪にせざるをえなくなります。そのような気分というか、〝空気〟で日本は動くのです。こういうことがあります。

証言もないまま元総理を有罪にしたロッキード裁判は「憲法違反《いはん》」

大川隆法　これ以外にも、知られているものとしては、田中角栄《たなかかくえい》の「ロッキード疑惑《ぎわく》」がそうでした。「ロッキード社から裏金で賄賂をもらっただろう。ロッキード社の飛行機を日本に導入するに当たって、賄賂を五億円ぐらいもらったに違いない」ということで、一九七六、七年当時、追及されました。

外国為替《かわせ》・外国貿易管理法違反《いはん》によって、総理大臣在職中の罪で捕まえるということは、考えられません。それは経済法の形式犯なので、そのような微罪《びざい》で総理大臣経験者を捕まえるのは、普通《ふつう》はできないことなのです。

当時、私は学生だったと思いますが、裁判官たちと会って食事をしたときに、彼らがみな激《げっ》昂《こう》して、「あの角栄の野郎《やろう》を捕まえて、刑務所にぶち込んでやる」と言っていました。それを言っていたのは、検事ではなく、裁判官なのです。「捕まえて、絶対に有罪にしてやる」と、裁判官が手ぐすね引いて待っていたわけです。

前首相の田中角栄氏がロッキード事件で逮捕されたことは国民に大きな衝撃を与え、新聞号外も発行された。
（毎日新聞 1976 年 7 月 27 日付号外）

それは地裁だけではありません。高裁の裁判官までそうでした。まだ高裁まで行っていない段階で、これから捕まえるところだったのに、「角栄の野郎を絶対に捕まえてぶち込んでやる」と言っていました。

裁判官というのは、そのような予断を持って裁判をしてはいけないことになっているのですが、あれでは、最初から有罪に決まっていたようなものです。

田中角栄が総理大臣になったときには、「今太閤《いまたいこう》」と言われてほめられていたのですが、落ちるときはそんなものです。裁判官たちは、「高等小学校ぐらいの学歴で総理大臣になったので、よっぽど汚《きたな》いことをして儲けたに違いない」と疑い、予断を持って裁判に臨《のぞ》んだわけです。

「実際上は、外為法《がいためほう》違反だけで捕まえて、ロッキ

1976年2月、米上院公聴会で証言するコーチャン・ロッキード社副会長（写真左の人物）。

ード社のコーチャン氏（ロッキード社副会長）の証言も得ないままに有罪にしてしまった」ということです。つまり、本当は憲法違反であるにもかかわらず、総理経験者を捕まえたわけです。

「リクルート汚染《おせん》」への追及《ついきゅう》で侵《おか》された「法の下《もと》の自由」

大川隆法　リクルートについても、これと似たような感じで、連日の報道によって、周りの空気が許さない雰囲気《ふんいき》がありました。これを「リクルート汚染《おせん》」といって、「リ」の字がついたら、みな連座させられていたわけです。政治家も、役職に就《つ》いている人はみなその役を離《はな》れなければいけなかったり、自民党を離れて無所属になったりしてしまいました。官僚も責められましたし、財界人にも責任を取った人がだいぶいます。

おかしかったのは、東大の教養学部の教授まで、「未公開株をもらった」ということで、アメリカに逃亡《とうぼう》していたことです。公文俊平《くもんしゅんぺい》という教授ですけれども、法

●憲法違反　日本国憲法第三十七条二項に「刑事被告人は、すべての証人に対して審問する機会を充分に与えられ、又、公費で自己のために強制的手続により証人を求める権利を有する」と定められている。

律的には、賄賂に当たるわけがありません。大学の教授には何の職権もないので賄賂が発生するはずはなく、いかなる罪も成り立たないのです。

しかし、「リクルート汚染」ということで名前を連《つら》ねられたら、もはや〝終わり〟になるので、とりあえずアメリカに客員教授として行き、ほとぼりが冷めるまで、〝逃亡〟していたのを覚えています。

そういう点で、日本には怖《こわ》いところがあって、マスコミが騒げば、「大臣のクビを取る」ぐらい、わけはなかったのです。最近になって、ようやく、新聞や週刊誌が書いたぐらいでは、なかなか辞《や》めない政治家も出てき始めてはいますけれども、そのころは、そのような時代でした。

おそらく、不動産情報誌に手を出し、銀座に本社を建てたあたりから、嫉妬がそうとう集まっていたのだろうと思います。「そういう、うまい汁《しる》を吸ったということが、道義的に許せない」というわけで、犯罪にまで持っていかれたのでしょう。

しかし、その当時、「未公開株が賄賂に当たる」という法律はなかったので、実際、法律上、有罪にしたところは間違いだと私は思います。

これは、いわゆる、ハイエクが言うところの「法の下《もと》の自由」ということです。「法律というのは、自由を保障するものなのだ。法律にあらかじめ決めてあって、それに違反した場合は、刑事罰《けいじばつ》や民事の賠償《ばいしょう》など、いろいろなことが起きることはあるけれども、決まっていないことに対しては、人間は何をしても自由なのだ」

これが、「法の下の自由」であり、「そういうことで自由が保障される」「法律というのは、制限するだけではなくて、自由を与《あた》えるものだ」という考え方があるのですけれども、そういうものが、往々《おうおう》にして破られることがあったわけです。

リクルート社が抱《かか》えていた急成長企業《きぎょう》の問題点

大川隆法　また、もう一つの問題点としては、当時、リクルート社がまだ若く、急速に成長した会社であり、役員たちも三十代の人ばかりだったため、社会常識にやや欠けるところがあり、危《あや》うい面があったと思います。一般《いっぱん》の会社で言うと、まだ課長にもなっていないぐらいの年齢《ねんれい》の方々が重役を張っていたので、私も、「経験が足りなかった面はあったのかな」と見ていました。

その十年以上あとに「ライブドア事件」が起きたときも、堀江社長だけが三十数歳で、ほかは入って一年ぐらいの人が、子会社や関連会社の社長、役員を兼《か》ねているという、烏合《うごう》の衆《しゅう》のような状態で、二十代の役員も数多くいました。そのときも同じく、少し社会常識が足りないという面で、防衛が利《き》かなかったという感じはします。

つまり、「急成長」が、必ずしも「成功」に結びつくわけではなく、成長した分だけの「防衛力」というか、「ものの考え方」ができるようにならなくてはいけません。それだけ、トップも成長しなくてはいけないという難しさがあるわけです。

当会も、すでに三十年近く活動してきましたが、その途中では、やはり嫉妬をされたり、いろいろな攻撃《こうげき》を受けたりして、危ないときが何度もありました。

しかし、私が、宗教とは別に、実定法などを勉強していたことなども利いていたり、また、社会人として、いろいろなビジネスを国内でも海外でも行っていたことなどが、ある意味での抑止力《よくしりょく》として働いた面があります。あるいは、判断基準として、外さないところで線を引いて、いろいろ判断ができたため、今まで教団がもっているところがあります。

そのため、法律に違反するようなことは、今のところ起きずに、現在まで来ていますが、八〇年代に起きたほかの宗教は、何かに引っ掛《か》かって、潰れたり有罪になったりしているところが非常に多いのです。

したがって、社会的に大きな影響力《えいきょうりょく》を持った場合、それなりの専門家や幹部等を揃《そろ》えておかないと危険な面があります。

当会の仕事についても、「若い人だけで、できないわけではない」と思いつつも、やはり、「亀《かめ》の甲《こう》より年の劫《こう》」というか、「ある程度の年齢の人も、多少は残しておかないと危険なところがある」という理由によって、現在も、いることができる人もいるのです。そういう意味では、こういうものがあったことに感謝しなければいけないところがあるでしょう。

「失われた二十年」と「リクルート事件」の関係とは

大川隆法　もう一つ、私が、江副氏のことについて関心を持つ理由があります。江副氏は、一九八八年に「リクルート事件」によって騒がれ、八九年の二月に逮捕されたわけですが、この八九年に、日経平均株価は、いわゆるバブル景気の最高値である約三万九千円をつけ、その後、崩壊《ほうかい》に入っているため、「これには関係があるのではないか」という気がしてしかたがないのです。

このリクルート事件以降、バブル潰しの〝波動《はどう》〟が出てきました。要するに、「儲かりすぎる」というか、「株で、うまいことをやった者だけが儲かる」

1989年12月29日、東京証券取引所では日経平均株価が史上最高値を更新（38,957.44円）した。

というような感じの〝波動〟が出て、それが九〇年代の「バブル潰し」につながっていったのです。

また、当時、与党《よとう》・自民党を中心とする有力政治家が、かなりパージ（追放）されてしまい、役職などから離れなければいけなくなった点は、その後、野党に政権を取られて、自民党が与党から転落する遠因《えんいん》にもなったと思います。

元首相の中曽根康弘《なかそねやすひろ》氏や宮澤喜一《みやざわきいち》氏あたりまで、この「リクルート汚染」で引っ掛かり、「汚染議員」として、有力者はみな名前が出ていたため、離れなければいけなくなりましたが、「これが、細川《ほそかわ》内閣や村山《むらやま》内閣などが出てきた〝補助線〟になったのではないか」という感じはしているのです。

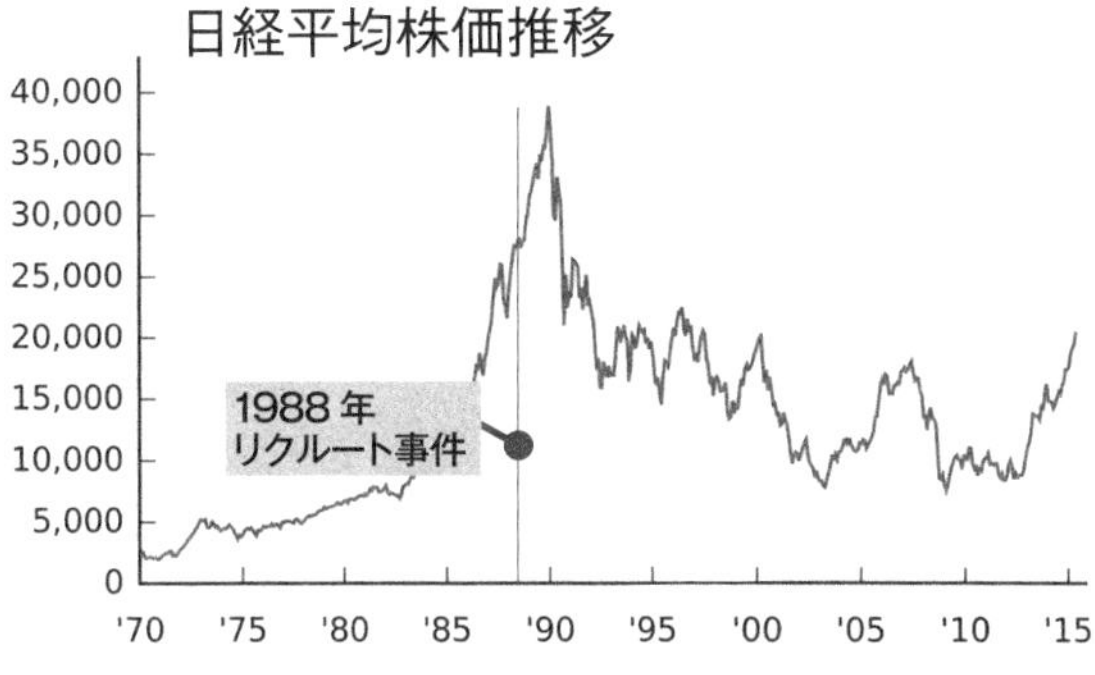

1988 年 6 月に発覚したリクルート問題は、翌 89 年には竹下内閣総辞職にまで及ぶ一大事件となった。その後、バブル潰しの動きが加速。日銀・三重野康総裁による極端な金融引き締め策の影響等で地価は暴落し、株価も急落。1990 年代以降、日本は長期不況に陥った。

『平成の鬼平へのファイナル・ジャッジメント―日銀・三重野元総裁のその後を追う―』（幸福実現党刊）

これが、九〇年以降の「失われた二十年」の、大きな発火点の一つとしてあるのではないかと考えています。
「二十年間、国の経済が成長しない」ということは、本当にありえない話であって、「バブル潰し」もありましたが、「何か、スタート点があったのではないか」という気がしてしかたがありません。

他界して一年余りの江副浩正氏を招霊《しょうれい》する

大川隆法　ところで、江副氏が亡《な》くなったのは、去年（二〇一三年）のいつごろでしたでしょうか。

酒井　二月八日ですね。

大川隆法　亡くなったすぐあとぐらいに、一回、「（霊言《れいげん》を）録《と》らないか」という声

●細川内閣（1993.8 ～ 1994.4）　7党1会派による連立政権で日本新党の細川護《もり》熙《ひろ》代表が首相を務めた内閣。これにより、自由民主党は野党に転落した。
●村山内閣（1994.6 ～ 1996.1）　自由民主党、日本社会党、新党さきがけの連立政権で社会党の村山富市《とみいち》委員長が首相を務めた内閣。

もあったのですが、「生々《なまなま》しいから、少し間《あいだ》を置こう」ということになりました。亡くなって一年以上たちましたから、ある程度、落ち着いていればよいのですが、まあ、〝行き場〟は定まってきているのではないかと思います。

もちろん、ご本人の心境によって反応も違いますけれども、もし、ある程度、心境が定まっているようであれば、現在の、アベノミクスから始まる「経済改革」と「成長戦略」等にまで及《およ》ぶ影響や、「失われた二十年」についての感想等も聞けるのではないかと思います。

もし、そういうことを、まったく認識できない状態であるならば、しかたがありません。リクルート社に関係のあった方（質問者の酒井）が一人いるので、責任を取って、成仏《じょうぶつ》するように〝成仏経《きょう》〟を唱《とな》えていただくしかないでしょう。そこで引導《いんどう》を渡し、本人が納得《なっとく》するまで説得して、成仏していただくしかありません。

ただ、何らかの参考になることが聞けることを期待しています。

酒井　はい。

大川隆法　では、以上を前置きとして、リクルートの創業者・江副浩正氏を、幸福の科学総合本部にお呼びしたいと思います。

現在の心境や過去のいろいろなこと、それから、日本経済の低迷《ていめい》や、現在、安倍《あべ》政権の行っていること、日本の未来等に、ご意見がありましたら、どうか、忌憚《きたん》のない気持ちをお聞かせくだされば幸いでございます。

リクルート創業者・江副浩正氏の霊よ。

どうか、幸福の科学総合本部に降りたまいて、その本心を語りたまえ。

リクルート創業者・江副浩正氏の霊よ。

どうか、幸福の科学総合本部に降りたまいて、その忌憚のない意見を聞かせたまえ。

江副浩正氏の霊よ、江副浩正氏の霊よ……。

2　未公開株譲渡《じょうと》の真意とは？

「何が起きているのか」と混乱する江副浩正氏の霊《れい》

江副浩正　（咳《せ》き込《こ》む）ゴホッ、ゲホッ、うーん。ゴホッ、うーん（舌打ち）。

酒井　どうも、こんにちは。

江副浩正　ああ、うーん。

酒井　「どうも、こんにちは」というのが、江副さんの口癖《くちぐせ》だったので……。

江副浩正　うーん。ちょっと呑《の》み込めないところがあるので、何か、少し補足説明をしてもらえないかなあ。

酒井　今、ここに来られていることが、よく分からない？

江副浩正　うーん。いや、来ていることは分かってるよ。だけども、「今、何事が起きようとしているのか」について、ちょっと……。

酒井　お亡《な》くなりになったことは、お分かりですよね？

江副浩正　うん。それは、「そうなんじゃないかな」とは思っている。

酒井　「霊言《れいげん》」というのは、ご存じですか。

江副浩正　うーん。まあ、そういうものも、少し出ていたよな。ただ、それには、あんまり深入りはしていなかったし、教育学部の教育心理学科だから、まあ、うーん。ちょっとは関係あるかもしらんけど、宗教学科じゃないんで、まあ、ズバッと「宗教」ってところまではいかないねえ。

酒井　幸福の科学というのは分かりますよね。

江副浩正　まあ、それは、名前ぐらいは聞いたことはあるわなあ。

酒井　分かりますか。では、「今、ご自身が霊である」ということも認識されていますか。

江副浩正　霊である？　霊であるって……。

酒井　「お亡くなりになって、肉体は持っていない」ということは、お分かりになっていますか。

江副浩正　「『霊である。肉体がない』ということはご存じでしょうか」？　うーん、社会人同士で、そういう会話って成り立つのかなあ？

酒井　ええ、成り立ちますね。

江副浩正　一般《いっぱん》に成り立つんですか？

酒井　はい。

江副浩正　ほう、そういう挨拶《あいさつ》ってあるんですか。二言目《ふたことめ》ぐらいから、そんな挨拶って、君（会場笑）。会社でそんなこと、二言目に……。

酒井　いや、ただ、江副さんは、そんなに堅苦《かたくる》しい人ではないじゃないですか。「そんな挨拶が成り立つか」とか、そういう問題じゃないですよ。

江副浩正　まあ、そうだけどさあ。

酒井　では、「今、まだ生きている」と思っていらっしゃいますか？

江副浩正　いや、「生きてる」とは言えないんじゃないかなあ。「生きてる」とは言えないと思うんだけども。うーん。

元リクルート社員の質問者と「現状」について問答《もんどう》する江副氏

酒井　では、お亡くなりになって、どうなったんですか。今の世の中は見えていますか。

江副さんは、去年の二月八日に亡くなられましたが、二月十六日に、実は、リクルート事件があった一九八八年に入社したメンバーの同期会が、グランドプリンスホテル高輪《たかなわ》でありました。そこに、本来は、江副さんも来られる予定だったんですけど。

江副浩正　ああ。

酒井　私も、そこに行きまして……。

江副浩正　あ、君、なんか……。

酒井　私は、一九八八年入社なんですけど……。

江副浩正　君は、なんで来なきゃいけないの？　ん？

酒井　いえ、一九八八年入社なんで、その高輪での同期会に行ったんですよ。

江副浩正　ええ？　君、裁判官？

酒井　裁判官じゃないです（笑）（会場笑）。

江副浩正　あ、違《ちが》う。

酒井　元リクルートの社員です（笑）。

江副浩正　元リクルート？

酒井　はい。

江副浩正　八八年に、何……。

酒井　四月に入社しました。

江副浩正　君、ものすごく運の悪い人なんじゃないの？　もしかして（会場笑）。

酒井　いや。

江副浩正　ドンピシャじゃん。（リクルート事件の）〝当たり年〟じゃん。

酒井　当たり年ですね。

江副浩正　ああ、当たり年に入ったんか。そうかあ。それは大変だったなあ。

酒井　それで、その同期会に江副さんが来て話される予定だったんですけど、その一週間前にお亡くなりになりまして、みなで追悼《ついとう》のビデオを観《み》たんです。

江副浩正　ほお。なんで？　それ誰《だれ》の？　私の？

酒井　ええ、江副さんの追悼ビデオです。

江副浩正　え？　私の追悼ビデオ？

酒井　ええ。リクルート本社に、いろいろな人が献花《けんか》しに行ったのをご覧になっていませんか？

江副浩正　うーん、なんかちょっと頭がクラクラき始めてる。ちょっと待てよ。なんか、整理しなきゃいけないねえ。

八八年に君が入社した……。今、何年だ？

酒井　二〇一四年です。

江副浩正　ずいぶんたったなあ。

酒井　去年亡くなったことはご存じですか？

江副浩正　いや、君はもう役員になってるか？　じゃあ、役員か？

酒井　リクルートで、ですか？　いや、今、幸福の科学です、私は。

江副浩正　え？　重役になったんじゃないのか？

酒井　私は、幸福の科学です（苦笑）。

江副浩正　幸福の科学？

酒井　はい。今は、リクルートの社員じゃないです。

江副浩正　リクルートと幸福の科学が合併《がっぺい》したのか？

酒井　違います（苦笑）（会場笑）。私は、リクルートを三年で辞《や》めましたから。

江副浩正　違う？　どっちがどっちを吸収したんだ？

酒井　吸収していません。まったく別ですから。

江副浩正　え？　してないの？　あ、違うの？　別のものなのか。

酒井　はい。

江副浩正　ああ、そうか。

酒井　リクルートで、三年間だけお世話になりました。

江副浩正　幸福の科学っていうのは、死んだ人が行くところなんじゃないの？

酒井　いやいや、そういうわけではないですよ。当時、ご存じでしたよね、幸福の科学があるということは。

江副浩正　いや、そらあ、確かに、記憶《きおく》にないわけではない。まあ、〝会社〟はたくさんあるからね。

酒井　幸福の科学の、今のエル・カンターレ信仰《しんこう》伝道局長（収録当時）は、あなたの会社でアルバイトをしていたそうですよ。

江副浩正　うーん。とにかく、うちは社員が多いからねえ。

酒井　いやいや、リクルートではなくて、事件のあとに、あなたがつくった会社ですよ。小さい会社をつくったはずですけど。

江副浩正　ええ、なんかねえ、いろんな人がいっぱい来てねえ。

酒井　はい。

江副浩正　リクルートっていうのは、経営者を輩出《はいしゅつ》する会社なんだよ。だから、うちで学んで、みんな五年もいたら、どんどん独立して、バンバン会社をつくっていった。そういう意味では、日本の社会の発展にずいぶん貢献《こうけん》したんだ。だから、君は経営者になれたんだ。おめでとう。

酒井　いやいや、そうではありません。

江副浩正　いやあ、葬儀《そうぎ》会社をつくったんだ（拍手《はくしゅ》をする）。

酒井　葬儀会社ではないんです（苦笑）。

江副浩正　ええ？

「取引先のみんなにも、福を分けてあげようとした」

酒井　まあ、要するに、今日の趣旨《しゅし》は、まず当時のリクルート事件とか、経済の問題とか、こういうことについてお聞きし、あるいは経営者としての江副さんから経営の話を……。

江副浩正　十分苦しんだんでなあ、もういいんだがなあ。

酒井　当時、私が疑問に思っていたのは、江副さんが、「経団連《けいだんれん》のなかでは、『上場するときはご祝儀《しゅうぎ》で株を配らないといけない』というようにアドバイスされていた。そのとおりに、上場前の株を配った」とおっしゃっていたことです。

江副浩正　うーん。

酒井　「それ自体が、なぜ罪に問われるのか」という……。

江副浩正　だから、ほかのところは値上がりが確実ではなかったけど、わしのところはみんな値上がりが確実だったからとか、そういうことだろ？

会社が、飛ぶ鳥を落とす勢いで伸《の》びていたからね。だから儲《もう》かるに決まってるという……、まあ、それが有罪の論拠《ろんきょ》だ。「経営状態がいいということが罪に当たる」っていうことだから、これはマルクス主義だよなあ、はっきり言って。

酒井　当時は企業《きぎょう》献金は当たり前で……。

1988年11月、証人喚問を受け、衆議院リクルート問題調査特別委員会で答える江副氏。

江副浩正　まあ、そりゃあそうだよなあ。

酒井　ルール上、やっていいことであったはずなんですよね。たぶん、リクルートの利益の一パーセントぐらいの政治献金は……。

江副浩正　だけどまあ、政治家にしてみたら、株だとすごく〝化《ば》けて〟ねえ。もらった額、要するに実額よりもはるかに大きな額になる場合があるからさ。その楽しみがあるからねえ。

酒井　まあ、江副さんの名誉《めいよ》のためにも申し上げますが、どう考えても賄賂《わいろ》性がないんですよね。例えば、当時、アメリカから「スーパーコンピュータを買え」と言われていたのですが、買うあてがないので、「リクルートが買ってくれよ」と押《お》しつけられて、そう言ったＮＴＴとの関係で、あなたは賄賂を渡《わた》したことになっているわけです。

向こうが賄賂を渡すのなら分かるのですが、「あなたが賄賂を渡して、スーパーコンピュータを買わされている」というわけです。こんな構図は、「贈賄《ぞうわい》罪」としては成り立たないですよね。

江副浩正　まあ、かなり、大学のところが（リクルート社の）独占《どくせん》状態に近かったからねえ。そういう意味では、なんか〝文部省の付属企業〟みたいな感じに見えていたのかもしらんから、役人に適用されるような感じのあれが働いたのかもね。「役人なら、しないようなことをした」っていうことになったのかなあ。

酒井　一つだけ、知っておきたいことは、江副さんは、「本当に、賄賂を渡していたつもりだったのか」ということです。

江副浩正　いやあ、あのねえ。だからさあ、要するに、リクルートに関係のあった社員だけが、給料が儲かるとかボーナスが儲かるとかっていうんじゃ、なんか申し訳ないじゃない。だから、取引先のみんなにも、福を分けてあげようとしたわけよ。いわゆる、そういうことなんだよ。

みんな、副収入を欲《ほ》しい人はいっぱいいるからねえ。そういう意味で、リクルート社と関係を持った人たちが、経済的にもちょっと〝潤滑油《じゅんかつゆ》〟としてねえ、お付き合いの〝潤滑油〟として、「付き合っていて、いいことがあったかな」というような感じを味わってもらえると、今後の取引もスムーズに行くかなあ、と。そういうぐらいの気持ちではあったんだけどねえ。

リクルート社のよさを懐《なつ》かしむ

酒井　まあ、そのあたりの話から、ちょっとお聞きしたいと思います。経営とか経済とかについては、そのあとでお聞きしたいと思います。

江副浩正　うーん、うーん、うーん。

酒井　まあ、当時、マスコミにいた人間（綾織）がおりますので……。

江副浩正　それは嫌《いや》だなあ（会場笑）。

綾織　私は、もうリクルート事件が、ほぼ終わった時点で入社していますので、関係はしていませんから。

江副浩正　君のところは、「有罪にしろ」とか一生懸命《いっしょうけんめい》、書いてたんじゃないのか？（会場笑）

綾織　（苦笑）いやいや、それは、やっていません。「何とか頑張《がんば》ってほしいな」と思っていたんですけれども（笑）。

江副浩正　ほんとかねえ……。

酒井　これは裁判じゃないですから。

江副浩正　え、裁判じゃないの？　（質問者のことを指して）裁判官が三人……。

酒井　裁判じゃないですよ（笑）（会場笑）。

江副浩正　東京地裁も、こんなもんだよ。三人ぐらいでやる。

酒井　そういうものではないんですよ。江副さんには、学ぶことが多かったですし、今だって、リクルートの人たちは、みんな……。

江副浩正　いい会社だったんだよなあ。

酒井　いい会社でしたよね。ええ。

江副浩正　なあ？　もう自由闊達《かったつ》でなあ、意見が言えて、透明《とうめい》性があってなあ。社員にも情報公開して。

「経営情報も公開しすぎたために、やられた」と言われてるんでね。

酒井　やりすぎでしたね。

江副浩正　ええ。社員には、末端《まったん》に至るまで、全部、社長の経営情報みたいなのを教えていたからさ。

酒井　他社にも公開して……。

江副浩正　「みんなが経営者」にしてたからさあ。

酒井　一アルバイトにまで全部、経営情報を配っていましたよね。

江副浩正　そうそう。そうそうそう。だから、外からいくらでも、攻《せ》める材料があったといえば、あった。

「いいことをやってる」と思ったし、「成長することはいいことだ」と思ってたから。日本の成長の立役者《たてやくしゃ》の一部になってると思ったし、まあ、本業だって、学生たちの就職に役立ててもらえるし、企業にも喜ばれていたし。「ウィン・ウィン」（win-win）の関係だと思ってたんだよなあ、だいたいなあ。

3 マスコミの「嫉妬《しっと》」を感じていた

リクルート社の失敗を分析《ぶんせき》する

綾織　今、振《ふ》り返ってみて、その時点で、どういう手を打っていれば、マスコミの嫉妬《しっと》や妨害《ぼうがい》のようなものをクリアし、そのまま成長していけたと思いますか。

江副浩正　やはり、大きくなってくると、どうしても一本でやれずに、副業をいろいろやり始めるじゃん。

それには思わぬところで、落とし穴がある場合もあるっていうことだったのかなあ。

酒井　ちょうど、あの年の前あたりぐらいから、理系を大量に採《と》り始めて、リクルート本体としても、「何か新しい産業を起こさなくてはいけない」という焦《あせ》りのようなものは、私もかなり感じてはいましたけれども……。

江副浩正　だから、「創業《そうぎょう》」と「守成《しゅせい》」と両方やるっていうのは、なかなか難しいことなんだよなあ。急に成長したので、社員も増えたしなあ。

それに、リクルートで学んだ人たちも、似たようなことをたくさんやり始めてはいたしなあ。

そういう意味で、懐《ふところ》は大きかったつもりなんだ。

それから、新しい事業をどんどん起こしていって、広げていかなきゃいけないっていう気持ちはあったからなあ。

酒井　あのときは、おそらく、すごいストレスというか、重みは乗っかっていたと思いますし。

江副浩正　そりゃそうだよ。

酒井　あの年だけで千人が入社し、事件の起こった翌年《よくねん》でさえ、千人近くが入っていましたから。

江副浩正　ただ、わしのところから事業継承《けいしょう》されたダイエーさんだって、あとで傾《かたむ》いたしねえ。

だから、厳しい時代だったねえ。成長のあとには、厳しいのが来るなあ。

酒井　江副さんについて、「考えが間違《まちが》ってるかな」と思ったのは、江副さんが、「借金は会社を活性化させる」とおっしゃっていたことです。それと、かなり不動

苦境に陥ったリクルートは、90年代、ダイエー傘下となっていた時期もある（写真：1992年5月、記者会見に臨む江副氏〈右〉と中内社長〈左〉）。

産に投資をして、完全に「インフレ戦略」を取っていたというところです。

江副浩正　うん、うん、うん、うん。

酒井　ダイエーの中内㓛《なかうちいさお》さんともお付き合いされていらっしゃいましたが、やはり、あの方も完全なインフレ戦略でした。

江副浩正　そう、そう、そう、そう。戦後、ずっと一貫《いっかん》して、そうだったからねえ。だいたい、長い目で見ればね。

だから、二、三年ぐらいのリセッション（景気後退）はあっても、長い目で見たら、ずっと高度成長しか考えられなかったからなあ。

酒井　このインフレ戦略は、もしかしたら、リクルート事件をきっかけとしてデフレに変わってしまい、失敗した可能性もあるのかなと思いますが。

江副浩正　ただ、裁判官に未公開株を配れなかったからなあ。裁判官や検事に。

酒井　いやいや（苦笑）（会場笑）。

江副浩正　あのへんまで、ええと……、警察署まで配れてたら、こうならなかったんだと思うが、僕《ぼく》は、そこまでは手が回らなかったからさあ。

当時、リクルート社に向けられていた激しい「嫉妬《しっと》」

小林　当時、「マスコミから嫉妬《しっと》されているのではないか」という感覚は感じておられましたか。

江副浩正　それは、すごく感じてた。まあ、「一発、当てた」っていうところだわなあ。

ニッチ（隙間《すきま》）産業で、ニッチはいいんだけど、大きくなるっていうのに、ちょっと限度がね。そこまで大きくならないで儲《もう》かってるのならいいんだけど、ニッチが、すごい巨大企業化《きょだいきぎょう》していこうとして、それを梃子《てこ》に、ほかにも、まだまだ手を広げてきそうな感じだった。「放っておけば、リクルート社に、新聞社やテレビ局まで呑《の》み込《こ》まれていくんじゃないか」っていう恐《おそ》れは、あったんじゃないかなあ。

小林　当時、確かに、あの勢いだと、「電通《でんつう》を、どこかで越《こ》すのではないか」という風評というか、見方も出ていました。

江副浩正　そう、そう、そう、そう。

小林　冷静に見ると、確かに「ちょっと、ヤバいかな」という感じで、メディアや、そういったあたりの嫉妬心を、おそらく、何らかのかたちでお感じになっていたのではないかと思うのですけれども、そのへんは……。

江副浩正　やっぱり、政治は難しいな。政治は難しかったかなあ。まあ、勉強が足りなかったのかもしらんが、私は、人との付き合いも、すごく大事にしてたんでね。人と人のコネクションを非常に大事にしてたんで。

そういう法律とかねえ、政治のシステムとかさあ、そういうものに、そう詳《くわ》しかったわけではないので……。

酒井　まあ、外の人との接触《せっしょく》を社員に励行《れいこう》していましたし、江副さん自身もそれを実行されていました。

江副浩正　うーん。お付き合いのほうを大事にしてたので。

酒井　「社内ではなく、社外の人と付き合え」というのがカルチャーだったはずですね。

江副浩正　うん。そう、そう、そう、そう、そう。

酒井　江副さんは、確か一九八六年に日本新聞協会で講演をしているのですが、「そのときに、『リクルートは、新聞広告の顧客《こきゃく》を奪《うば》っているので、新聞社は、どこもリクルートを苦々《にがにが》しく思っているぞ』と忠告された」と本に書かれていますよね。

江副浩正　まあ、確かに、新聞の広告を見てる人なんていないもんね、今どきねえ。昔は、失業したら、新聞の求人広告のところを見て、応募《おうぼ》したりしてたけど、そんなのはバカバカしい〝あれ〟やったからね。うちのほうが、専門性がグッと高くなってたからねえ。

昔の映画ぐらいだろ？　「新聞の求人広告を見てる」というシーンが出てくるなんていうのは。

だから、すごく〝近代的〟だったのよ、うちのやり方はね。すごく近代的な攻《せ》め方を……。

「官僚《かんりょう》や政治家を金で支配し、〝表〟で出世した連中を見返したかった」

酒井　ただ、江副さんは、政治に興味を持たれましたよね？

江副浩正　まあ、それは、一定の規模になりゃあ、誰《だれ》でも政治性は出ますからなあ。

酒井　興味を持たれた理由は、正直なところ、どういう点だったのですか。

江副浩正　（舌打ち）うーん……、まあ、劣等感《れっとうかん》もちょっとあったかなあ。「劣等感」とか、「見返してやりたい気持ち」とかが、ちょっとあったような気はするなあ。

大学で、アルバイト代わりに始めた事業が大きくなって、アメリカンドリーム風に、お金とか事業の成長とかで、〝表《おもて》〟で出世している東大の連中あたりを見返してやりたい気持ちはあったかもしれないな。

だから、やっぱり、「官僚《かんりょう》とか政治家を資金力で支配できる」みたいなのに、ちょっと快感があったことは事実だなあ。

酒井　なるほど。

ただ、江副さんの思想としては、「自由」といいますか、特にお好きだったのは、アダム・スミスの思想だったかと思います。

アダム・スミス（1723～1790）
イギリスの経済学者。主著『国富論』で自由競争に基づく経済発展の理論を説いた。

江副浩正　そう。

酒井　当時は学生運動が盛《さか》んであったのに、それにはまったく興味を示さず、アダム・スミスの思想を……。

江副浩正　だから、俺《おれ》は、そんなに悪くないと思うんだよ。

酒井　別に、「江副さんが悪い」だなんて言ってないですよ。

江副浩正　そりゃ、(リクルート社を)モデル企業にしていってもらえば、日本の高度成長は続いたんじゃないかと思うんだけどなあ。そういうのを嫌《いや》がる人がいっぱい出てくるっていうのが、やっぱり、ちょっと分からなかったねえ。

4 「メディア性善説」を持っていたのが、甘《あま》かった

儲《もう》かっている者に対する弾圧《だんあつ》から〝縄抜《なわぬ》け〟するには?

小林　これまでのお話を二つに整理しますと、今、おっしゃった、「本来はモデル企業《きぎょう》的なところがある」ということに関しては、後半のほうで、その「エートス」「エキス」をお教えいただければと思っております。

ただ、その前に、リクルートは、よし悪《あ》しは別として、「こういう日本社会のなかで急成長してきた企業があると、その企業に対して何が起きるか」ということの、戦後最大のケースでもございます。

江副浩正　うーん。

小林　そこのメカニズムが十分に解明されていないために、「ホリエモン」のような事件が起きたりしたという意味で、われわれを含《ふく》めた、後輩《こうはい》への一つの「教訓」といいますか、「経験の智慧《ちえ》」のようなものをお教えいただくことを前半のテーマにしたいのですが、その場合、おそらく、キーワードになるのが、大川総裁も冒頭《ぼうとう》で言われていましたとおり、「嫉妬《しっと》」という言葉だと思うのです。

例えば、銀座《ぎんざ》へ進出されたとき、買収したのが、財閥《ざいばつ》系の日本軽金属の本社ビルで、これは後付けの理屈《りくつ》ではありますが、「感情的な反応はあっただろうな」というのは、あとから見れば分かる気がします。

そういったところを一つひとつ振《ふ》り返られてみて、「今だったら、どういう手を打ったか」ということをお訊《き》きしたいのです。

確かに、いろいろ言いたいお気持ちはよく分かりますし、おそらく、日本社会の、そういう足の引っ張り合いみたいなのは大嫌《だいきら》いでいらっしゃったと思います。また、そこから飛び出していくところを見せようとされたのも、とてもよく分かるのですが、そういう日本社会というのが、今、現実にあって、われわれ自身も、そこで戦っているところがありますので、そういうことについてお教えいただくという意味で……。

江副浩正　うーん、でも、そらあ、気をつけたほうがいいよ。やっぱり、今は（君たちも）、僕《ぼく》に教わって、しっかりと〝縄抜《なわぬ》けの術〟をマスターしとかないといけない時期なんじゃないかなあ。

小林　ええ。そういう意味で言いますと、例えば、「こういう縄抜けがある」とか、「ここに、こういう縄がある」という例であるとか、何かお教えいただける点はございますでしょうか。

江副浩正　うーん、だけど、まあ、ちょっと話は飛んじゃうけど、やっぱり、今の中国が似てきているんじゃないかねえ。

だから、今の中国がさあ、ボロ儲《もう》けしたあたりのを、「賄賂《わいろ》だ」とか「腐敗《ふはい》だ」とか言うて、けっこう弾圧《だんあつ》を始めてるけど、ちょっと似てきているような感じがするから、日本と同じような感じになってくるのかなあと思う。

ものすごく儲かる人は儲かっているからねえ。そのおこぼれにあずかる人と、あずからない人がいるからさ。

それで、政治家までが儲かるようになってる。まあ、日本よりはちょっと〝緩《ゆる》い〟かもしれないけど、あれも、たぶん、もうすぐ来るだろうとは思うけどねえ。

日本は社会主義的な「護送船団方式」から自由主義に移行できるか

酒井　そうすると、当時の日本は「社会主義」だと?

江副浩正　「護送船団方式」っていうのは、ずーっとあったからねえ。「護送船団方

●護送船団方式　軍事では船団を護衛する場合、最も速度の遅い船に合わせて航行することから転じて、監督官庁が特定の産業において弱小企業が落伍しないよう、業界全体を管理し、利益や競争力を確保できるようにすることをいう。特に、戦後の日本の金融行政を指すことが多い。

式」のなかには、社会主義的な部分も確かにあったな。

「戦後の荒廃《こうはい》から立ち上がらせる」っていう意味では、ケインズ経済だし、官僚《かんりょう》主導型経済であろうから、社会主義的に成功した例の一つだとは思うけど。

それから、「自由主義に移行しようとしている段階で、倫理《りんり》基準があまりはっきりしなくなってきて、能力の差が企業の力の差になり始めたので、護送船団に戻《もど》そうと思って、出っ張ってるところを抑《おさ》えに入ってくる」っていうことはあったんじゃないかな。

政治家のほうだって、資金力、それから金の力で「金権《きんけん》政治」と言って、「金の力で票が買える」と、やたらと言ってたよね。まあ、議員も、金を撒《ま》いて自分の派閥に入れられたし。昔はいっぱい撒いてたよね。俺《おれ》らのころは、まだ政治家も選挙民に金を撒いていたと思うよ、もっともっと。そういう時代だったわな。

だから、その象徴《しょうちょう》だったのかもしれないとは思うけど、みんな金が余ったら使い道を考えるよな。まあ、そういうことだったんだ。

そして、それを「腐敗している」「堕落《だらく》している」と感じる人もいたんだろう。まあ、「江戸《えど》の三大改革」みたいなもんでなあ、引き締《し》めなきゃいかんと思った人が、お偉《えら》いさんにいたのは事実なんだろうけど、それが正しいのかもしれないし、正しくないのかもしれないし。まあ、よく分からないけどね。

急成長するリクルートに立ち向かってきた相手とは？

酒井　江副さんに立ち向かってきたのは誰《だれ》なんですか。マスコミですか。それとも役人なのでしょうか。それとも〝空気〟なのか。国民なのか。政治家なのか。あるいは、何か別の権力があったのか。

江副浩正　何とぶつかったんだろうねえ。学生の就職を有利にするために便益《べんえき》を提供したことは、悪いことではないと思うんだよな。それは、企業にとってもメリットがあったことだから、悪いことではないと思うんだよな。

だけど、それによってビジネスチャンスがあったにもかかわらず、それを食《は》めなかった人たちがいたことは事実ではあろうからなあ。

だから、（リクルート社は）シェアを取るのが早かったからなあ。あっという間に取ってしまったので、そのへんで（他社などが）地団駄《じだんだ》を踏《ふ》んでた部分はあったと思うし。確かに、あのまま、もし挫折《ざせつ》が来なかったら、やっぱり、新聞社をつくっていたか、買収をかけるぐらいのことはやったと思うな。

その後も最近まで、「新聞社の買収」とか「テレビ局の買収」等をかけようとしたところは、みんなはねつけられて、やられてるけど。まあ、それは、たぶん「やる流れ」であったろうなあ。情報産業自体はずっと進化していったから、情報産業のなかでの競争かなあ。

「表現の自由」は万能《ばんのう》に近かった

綾織　非常に関心があるところなのですが、少し戻って、〝縄抜けの方法〟というところで言うと、マスコミとの対応の仕方になると思うんです。マスコミの人間の一人として、当時、私が見ていたのは、基本的にマスコミと戦わないで、ものを言わずに一方的にマスコミに叩《たた》かれて終わってしまう江副さんの姿です。

論点としては、「罪刑法定主義《ざいけい》」とか、いろいろな反論のポイントはあったのに、「それがまったくなかった」というのが、何かもったいないと思っています。

江副浩正　それは、ここの総裁が言ってるとおり、法律とかを勉強してなかったからかもしれないけどねえ。知っていたら、分かったのかもしれないし、社員のほうも、そういうふうな会社防衛用の幹部をいっぱい育ててはいなかったのでねえ。

だから、みんな、「行け行け、ゴーゴー」で（笑）、「よかったら独立しても構わない」みたいな感じの。光明《こうみょう》思想かなあ、一種のな。

酒井　法務部門はあったことはありましたが。

●罪刑法定主義　犯罪に当たる行為と、それにいかなる刑罰が科せられるかは、あらかじめ法律によって規定されていなければならないという近代刑法上の基本原則。

江副浩正　あったけど、やっぱり力は弱かったわねえ。

考え方のなかに、そういう部分があんまりなかったのは事実だろうね。

だから、実際に、そういう意味では苦労が足りなかったのかもしらんが。最初の商売でうまくいきすぎた面があったのかなあと。

（他社は）みんな、もうちょっと、資金繰《ぐ》りに苦しんだり、借金調達に苦しんだり、いろいろしたけど、（リクルート社は）急成長だったんで、まあ、「行け行け」だったのは事実だよなあ。

酒井　江副さんは、マスコミに対して、けっこう脇《わき》が甘《あま》かったですよね？

江副浩正　まあ、甘い。甘かったね。

酒井　朝日新聞とか、その雑誌の「AERA《アエラ》」とかにも、はめられていましたよね？

江副浩正　うーん、そうだねえ。「メディア性善説」を持ってたのかもしれないね。ある意味で、自分らの仕事もそうであるから、そういう情報産業は性善説……。でも、戦後、そうだったんだよな。「表現の自由」は、もう、万能《ばんのう》に近かったからさ。「表現の自由」「出版の自由」みたいなのは、民主主義の守護神《しゅごしん》みたいな感じだったからさあ。

酒井　そうですね。

江副浩正　そうでしょ？　そういう感じだから、そのころの学者たちも、みんなそういう「表現の自由」や「出版の自由」っていうのは、「民主主義の守護神」ってい

AERA誌は「江副リクルートの犯罪」と題する記事を掲載（1989年2月28日号）。

うことで、「だから、情報はいいんだ」と。「内容には粗悪品《そあくひん》もあるかもしれないけど、とにかく、それをいっぱい出して選《よ》り分ければいいんだ」っていうような感じの〝あれ〟があったからなあ。

マスコミは十年に一回は「大きな獲物《えもの》を捕《つか》まえて叩《たた》く」癖《くせ》がある

酒井　江副さんが取材を受けたときに、発言したとおりに書いてくれると思ったら、まったく違《ちが》う書かれ方をして、かつ、検察のリークと相《あい》まって、当時の記事が、どんどん「極悪《ごくあく》企業リクルート」ということに……。

江副浩正　今も、だから、流行《はや》ってきてるじゃん。「ブラック企業」とか言うてるんだろう？

酒井　ええ、ええ。

江副浩正　いろいろ聞いてると。またそういうのが流行ってきつつあるので……。

酒井　非常に怖《こわ》い社会風潮がありましてね。当時、リクルートの社章の「かもめのマーク」を着けているだけで、電車のなかで殴《なぐ》られた社員がいたりしました。

江副浩正　それは申し訳ないなあ。申し訳ないね、それは、ちょっと……。

酒井　要するに、「リクルートは悪いやつらだ」と。

江副浩正　見舞金《みまいきん》として、未公開株を渡《わた》さなきゃ……。

リクルートの旧ロゴマークとして「かもめ」が使われていた。江副氏の自伝『かもめが翔んだ日』（朝日新聞社刊）はそのイメージを重ねたような表紙デザインとなっている。

酒井　（笑）ただ、リクルートの社員はへこたれなかったので、そのなかでも収益が上がっていったわけですが。

江副浩正　まあ、何て言うか、マスコミは、バッシングするのが、やっぱり儲けるチャンスであったからねえ。

だから、私のやられる前だって、その十年前で見りゃあ、「オイルショック」のときに買い占《し》めしたところとかさあ、商社だってやられてたじゃない。木材の買い占めとか、石油の値段の吊《つ》り上げとか、いろいろ画策して儲けようとしたところは、そうとうバッシングされたと思うんでね。まあ、十年に一回ぐらいは、何か大きな獲物《えもの》を捕《つか》まえて叩《たた》くっていう癖《くせ》があったとは思うんだけどな。

うーん。（舌打ち）それを乗り切れなかったのは、ちょっと残念ではあるけど、まあ、参謀《さんぼう》がちょっと足りなかったのかなあ。

5　日本人の嫉妬《しっと》の原因は「島国根性《こんじょう》」？

もしホリエモンにアドバイスするとしたら？

酒井　ホリエモンの事件などを見て、どう思われましたか。

江副浩正　うーん、いや、まあ……、感じはもう分かったよ。やっぱり、「ああ、また、やられるだろうなあ」というのは、もう分かってた。「バカだな、これはそろそろ用心しなきゃいけないのに」と思ってた。

酒井　あなたの経験に基《もと》づいて、彼にアドバイスをしたとすれば、どうしましたか。

江副浩正　いやあ、それはやっぱりねえ、うーん……、まあ、こういう言い方は言葉が悪いかもしれないけど、もうちょっと「偽善《ぎぜん》のすすめ」をしておきたかったね、彼に。

酒井　偽善のすすめ……。

江副浩正　うーん。やっぱり、「世間《せけん》にはどう見えるか」っていうところ。

小林　そうですね。

江副浩正　「もうちょっと上手に取り繕《つくろ》ったらどうだい？」っていうことを、やっぱり言いたかったねえ。明け透《す》けだったじゃない？　やってることが見えすぎだったよねえ、あれは。やられるっていうのは、もう、だいたい分かったよね。

小林　やはり、「明け透けでやると、カチンとくる人がいる」という感覚は、あとから見ると分かるという感じだったのですか。

江副浩正　いや、だから、ある意味で、「『表現の自由』や『出版の自由』はいいことだ」っていう、戦後の憲法学者たちの意見に乗っていたし、それから、「情報のガラス張りはいいことだ」っていうような〝あれ〟でやったけど、うーん……。

私の事件のあとは、ソ連邦《れんぽう》だって、情報公開をやったら崩壊《ほうかい》しちゃったじゃない、ねえ？　なかの悪いのが見えてね。見せないでいたから、もってたんでね。

今の中国だって、情報公開をしたら潰《つぶ》れるよ、きっとね。

だから、ある程度の大きさになると、やっぱり、みんな、悪いことをやってるからさあ。まあ、隠《かく》さなきゃいけない部分もあるだろうね（笑）。

たぶん、週刊誌や新聞社も、誤報とか、間違《まちが》ったバッシングによる人権侵害《しんがい》とか、いっぱいやってると思うんだけど、責任を取らずに、のらくらと、うまく生き延びてるよなあ。みんなが忘れるのを待ってな。

「大川隆法霊言《れいげん》シリーズ」への攻撃《こうげき》を狙《ねら》う人は大勢いる

小林　切り口を変えまして、もし、今の地上における大川隆法総裁や幸福の科学をご覧になっていたという前提で申しますと、今言ったような観点で、どう見えるかというあたりはどうですか。

江副浩正　うーん、だから、俺《おれ》だって、「特例財団法人　江副育英会《いくえいかい》　理事長」なんていうのも、これ、まあ、ちょっとは還元《かんげん》しようとする姿勢を見せたんだけど、世間の目は、「儲《もう》かっているものから見て、還元しているものが少ない」と見てたっていうことやろうね。

だから、いや、それは、君らのところだって、狙《ねら》ってる人はいっぱいいると思うよ、はっきり言って。本もいっぱい出してるしさ。

それから、この「霊言集《れいげんしゅう》」だとか「守護霊《しゅごれい》霊言」だとか言ってるけど、一般《いっぱん》的な〝あれ〟から見りゃあ、こんなのは、詐欺罪《さぎざい》のにおいがプンプンするけどね。いっぱいつくれるからね。つくろうと思えば、つくれないわけじゃないから〝におい〟はするけど、これが、「引っ掛《か》からないで、一世代生き延びた」っていうのは、そうとうな力ではあると思う。

まあ、疑ってる人間は、いることはいるから、転んだときが狙い目ではあろうね。何かに引っ掛かったら、これ見よがしに、たたみかけてくるところはあるだろうと思うけどねえ。

成功者の足を引っ張る日本民族の「島国根性《こんじょう》」

小林　このテーマでの最後の質問になりますが、歴史を見ますと、この日本民族には独特の分岐《ぶんき》点のようなものがあり、あるステージにくると、何か、集合想念的に、突然《とつぜん》、寄ってたかって攻《せ》めてくるというようなことが、不連続で起き始める「ターニングポイント」のようなものが、リクルート事件でありましたし、ホリエモンのときにもありました。

実際に経験してみて、そのライン、一線を越《こ》える感覚というのは、どのような感じだったのでしょうか。また、どういうあたりで風向きが変わるといいますか……。

江副浩正　一言《ひとこと》で言やあ、「島国根性《こんじょう》」なんじゃないかと思うんだよね（笑）。「島国根性」だから、「大陸根性がない」っていうか、「大陸性がない」んだよな。

本当の大国の自信がないから、「狭《せま》い世界であまり目立ちすぎたら、足を引っ張られる」っていう感じが強いんだよなあ。

「平等性」と「嫉妬心《しっとしん》」とは似てる部分があるので、島国で目立たないように、平等に生きてるのが幸福だった時代が長くて、これに吸い込《こ》まれてると思うんだよね。

だから、ここで、何て言うか、あんまり欧米《おうべい》っぽくグーッと上がりすぎると、やっぱり、「やられる」っていうのはあるのかなあ。うーん、これは難しい……。

一代で成功者になる人が見落としがちなノウハウとは

江副浩正　もう一つには、これは、もう自分では分かりかねる部分ではあるんだけど、その人の生まれ育ち、経歴、それからキャラクターといった全人格みたいなものに対して、「どの程度の成功までなら許せるか」っていう基準が、何となくあるみたいなんだよなあ。

ホリエモン君で言えばさあ、やっぱり、大学在学中に事業を起こして、まあ、僕《ぼく》はいちおう卒業はしてるけども（笑）、彼は卒業しないで、（東大の）宗教学科だとかいうのから、ああいう事業でしょ？　だから、「いかがわしい面はあった」っていうところがあるよな。

それが、楽天《らくてん》と、ちょっと生き筋《すじ》を分けたようにも見えなくはない。

今はどうか知らないけども、昔の楽天（三木谷浩史《みきたにひろし》会長 兼《けん》 社長）は、そのへんに関しては、「銀行員出身の手堅《てがた》さ」みたいなところで上手に生き延びてた。だから、「背広を着てるか、着てないかの違いだ」っていう説もあったけどね。

アメリカ的に見れば、やっぱり、Tシャツにジーパンでやってるのが向こうの起業家であって、コンピュータビジネス系は、あれが主流ではあったから、本当はホリエモンのほうが粋《いき》だったはずなんですけど。

日本的な「背広にネクタイ」で、礼儀《れいぎ》正しくやって、経団連《けいだんれん》に入っていけるような〝あれ〟が、身を守る方法であったっていうことが、十分に分かってなかった。

まあ、こういう人たちの特徴《とくちょう》はだね、両親とか、親の仕事、あるいは、経済状況《じょうきょう》や田舎性《いなかせい》等でハンディを背負っていて、両親が東京あたりで事業なんかをやって成功してる人だったら、ちゃんと教えてもらってるようなことを、教わってない。だから、一代でやってるような場合に起きやすいことみたいだねえ。二代目、三代目

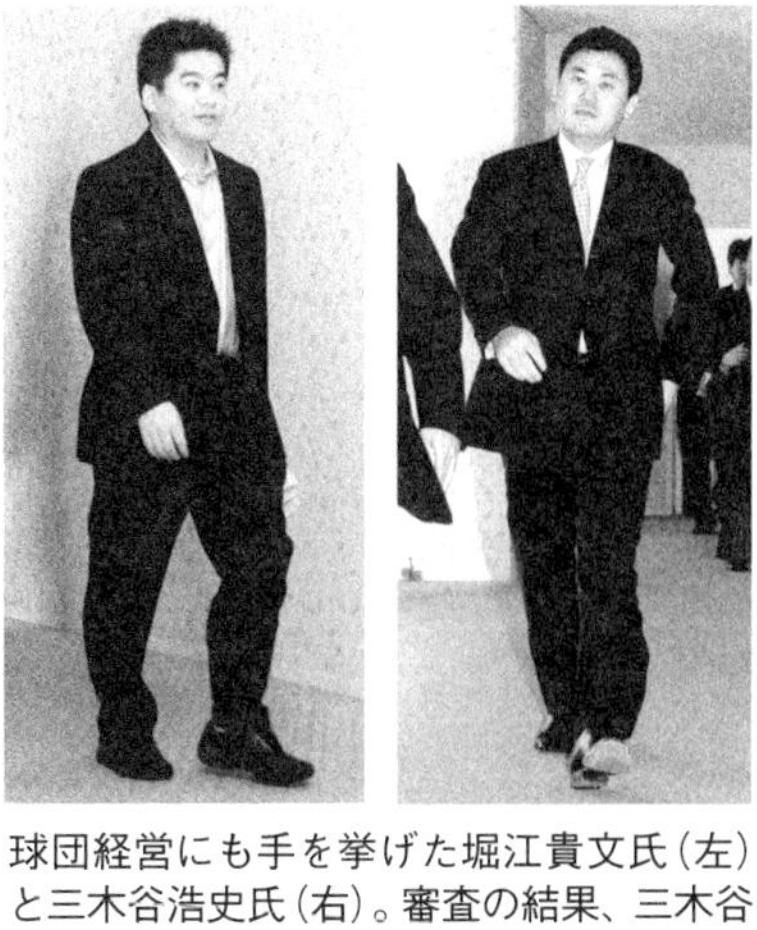

球団経営にも手を挙げた堀江貴文氏（左）と三木谷浩史氏（右）。審査の結果、三木谷氏の楽天が権利を得た。（写真：2004年10月、日本プロ野球組織審査小委員会で）

になると、うまく逃《のが》れることができるノウハウが残ってる場合があるんだけど、それが分からないってことがあるんだよね。

ホリエモンも、家が貧しかったんだろうし、苦学《くがく》少年だったと思う。まあ、私も、家庭的にはそんなに幸福なあれではなかったのかもしれないけどねえ。

そういうところが志《こころざし》にはなりやすいんだけど、まあ、「立志伝中《りっしでんちゅう》の人」になれるかどうかのところには厳しいあれがある。「その足りないノウハウの部分に、自分が成長して追いつかないといけないところがある」っていうところなんだよなあ。

だから、何て言うの？　一時期、〝踊《おど》り場〟をつくって力をためる、「竹の節《ふし》の部分」がありながら成長していかないと、うまくいかない部分はあるのかなあっていう気はするけどねえ。

そのへん、君たちも危険度は「Aランク」だとは思うよ。危険度は「Aランク」だと思う。十分に嫉妬が集まっているようには見える。

綾織　そのへんは、守りを固めながらやっていきたいと思います。

江副浩正　だから、「大手新聞やテレビ局に、リバティ誌で戦えるかどうか」っていうあたりを、考えなきゃいけないな。守れるかどうか。

だから、向こうが大砲《たいほう》を撃《う》ってるときに、こっちは小銃《しょうじゅう》で相手をしているようなあれだと、勝てないかもしれないからな。

小林　そうですね。メディアの多角的展開が必要な感じがしていますので。

江副浩正　そうすると、〝生贄《いけにえ》〟を差し出さなきゃいけなくなるんだよな。誰《だれ》かを、〝生贄〟として差し出さなきゃいけなくなるわけだからねえ。

だから、代わりに〝生贄〟になってくれる人がいなければ、やっぱり、トップが〝生贄〟になるっていうスタイルになるわけだなあ。

6 「失われた二十年」の真犯人は「日本教」？

リクルート事件が残した日本経済への傷跡《きずあと》

綾織　リクルート事件は、リクルート一社だけの問題ではなく、ある意味で、「資本主義の精神」が傷つけられたような部分があって、その後、二十年以上あとを引いており、結局、二十数年間、ＧＤＰの成長を押《お》さえつけるような経済状態が続いています。

江副浩正　うん、うん、うん、うん。

綾織　この間、江副さんは、日本の経済をどのように見られてきたのでしょうか。

江副浩正　結局、リクルート事件が示したものは、「株で、泡銭《あぶくぜに》みたいに、思わぬ利益を食《は》んだものは罪人《ざいにん》と見なされる」ということで、そういう教訓が残ったんじゃないかね。これが大きかったと思うね。

それには、たぶん、法律を執行《しっこう》している連中が、本当は、「株式会社の原理」を理解してない面があるんじゃないかなあと思いますね。

だから、「成長性でもって株に投資して、みんなが儲《もう》けることができる代わりに、その反対に会社のほうは資金調達が容易《ようい》になって、その資金に基《もと》づいて新規事業ができ、人が雇《やと》え、事務所を拡張して大きくしていける」っていう、まあ、こういう原理だよね。

これが潰《つぶ》された場合、どうなるかっていうと、銀行などの金融《きんゆう》機関による融資に頼《たよ》ることになる。そうすると、担保を要求するかたちの融資形態になる。

ところが、株じゃなくて、銀行のほうにシフトしていったら、今度は、担保になる土地のところに、「強制値下げ」が入ったわけだね。「総量規制」が入って、「土地の値下げを流行《はや》らせる」という総理大臣が出てきたら、担保価値が落ちる。

ここまでは読めていたと思うんだよ。

ただ、担保価値が落ちたら、銀行は「不良債権《さいけん》」が出てくるということだから、担保が取れていないのに融資してるってことになると、完全に融資の引き揚《あ》げが始まる。まあ、〝引き揚げ合戦〟が始まる。

融資を引き揚げられて、要するに、新規事業だけじゃなくて、通常の運転資金のところまで引き揚げられ始めたら、当然、倒産《とうさん》が出てくるわね。その前にはリストラがあって、工場閉鎖《へいさ》とか失業とかが、いっぱい起きてくる。だから、「マイナスの連鎖」が始まってくるよね。

こういうことが、九〇年代に、実際は起きたんだと思う。つまり、「信用収縮《しゅうしゅく》」が起きたんだと思うんですね。この信用収縮が、ヨーロッパでもすでに起きてると思うけど、信用収縮は怖《こわ》いことなんですよ。これを、どっかで止めなければいけないんです。こういう信用収縮には、まあ、ある意味で、沈《しず》むボートから、いち早く逃《に》げようとしているあれに似たものがあるんで、止めなきゃいけないんだけどねえ。

綾織　今の時点でも、平均株価が一万五千円とか一万六千円ぐらいでも、「バブルになった」という報道がなされて、それを潰そうという圧力がかかっているので、「ここを、どう突破《とっぱ》していくか」という……。

江副浩正　まあ、貧乏《びんぼう》を愛している人がいっぱいいるし、株を運用して儲けたりする身分じゃない人がいっぱいいるし、それから、そういうことをすることを法律的に禁じられているような人もいるからね。

例えば、日経新聞なんかの社員だったら、金儲けをしようと思えば、いくらでも、自分でできないわけではないけども、できないようにされてるわねえ。

だから、「日経平均のやつを、みんなで、金を出し合って買う」みたいな、監視《かんし》し合うような〝あれ〟だったらできるけど、個人で、縄抜《なわぬ》けみたいな儲けができないようには監視されているわねえ。

マスコミ人に利益が入らないようになってるから（笑）、「儲けたやつが出ると面《おも》白《しろ》くない」というのもあるし、基本的に、役人系や、警察や裁判官たちは、株をやらないからね。

だから、「それで儲けてるやつらは、やっぱり、悪いやつらだ」というように見なしたくなる気持ちは分かるわなあ。

「資本主義の精神」を阻《はば》んでいるものとは

小林　以前、大川総裁のほうから、あなたが先ほどおっしゃっていた、「株式制度の本旨《ほんし》」、あるいは、「資本主義の本旨」と言ってもいいですけれども、彼らにそれが分からない根本《こんぽん》の理由は、「中身を判定する目がないからではないか」と言われたことがありまして。

江副浩正　いや、それはそうだよ。

小林　特に、日本人の場合、日本のバンカーなど、金融にかかわる人を含《ふく》め、役所関係も含めてなのですけれども、「中身」、つまり、株価が膨《ふく》らみ、大きくなっていく可能性の中身を見抜く、あるいは、見る目がないので……。

江副浩正　そうそう、そうそう。

小林　形式審査《しんさ》でバサッと一律にやってしまうというように、「中身を見る目がない」という話を、ずいぶん、しておられたのですけれども、そのあたりに関しては……。

江副浩正　うーん。だから、本当は、銀行だってね、担保主義でやらなくても、企《き》業《ぎょう》の成長性が、ある程度あれば、融資は可能なはずだけども、「成長性がある企業でしたら、株で、どうぞ資金を集めてください」っていう感じになってますからねえ。

まあ、政治の領域としては、これは、アメリカもやらなきゃいけないことで、政治家がやらなきゃいけないことなんではあろうけど、やっぱり、「経済に本当に明るいかどうか」っていうのは、人それぞれ、あるからねえ。

政治家のほうも、政治資金を全部調べられて、蓋《ふた》を開けられて、儲からないようになってるからねえ。

中国の政治家とかだったら、いくらでも、金儲けを今、まだやっているはずですが、いずれ蓋を全部開けられて、儲けられないようになるか、死刑《しけい》にされるか、刑務所に放り込《こ》まれるかしていくはずだけども。

うーん、まあ、「日本教」だねえ。やっぱり、基本的には、「日本教」だと思うなあ。

7 「成功者を受け入れる風土《ふうど》ができなければ、デフレ脱却《だっきゃく》はできない」

安倍《あべ》首相の「成長戦略」をどう見ているか

小林　それでは、これまで伺《うかが》ったような、日本をどう変えていくかという文脈で残っている質問なのですが、例えば、そのお話の延長で、「安倍《あべ》首相などを、今、どうご覧になっているか」というあたりは、いかがでしょうか。

江副浩正　まあ、もう時代が違《ちが》うので、よくは分からないんだけどもねえ。（安倍首相は）「デフレ脱却《だっきゃく》」ということを言ってたんだと思うけども、デフレを脱却するということは、「日本的体質そのものの見直しが要《い》る」っていうことなんだろうとは思うんだよなあ。

だから、「成功者を受け入れる風土《ふうど》ができなければ、デフレ脱却はできない」と思うねえ。アメリカでさえ、それが、もう今、だいぶ違ってきているように見えるからさ。成功者を認めない風潮が出てきてるからね。

小林　今の一言《ひとこと》は、ウン億円の価値があるといいますか、新聞の広告に、バシーッと出したいぐらいですけれども、「成功者を受け入れる考え方がないと、デフレの脱却など、できない」ということですか?

江副浩正　そう、そう。

小林　いや、これは、けっこうすごいご指摘《してき》だと思うのですが……。

江副浩正　だから、政治家はねえ、「自分の任期を延ばせるかどうか」っていうようなことはあるとは思うんだけども、金儲《かねもう》けができないからね、日本では。景気がよくなったら政治家も儲かるんならやるけど、儲からないからねえ。

昔の政治家は、金儲けもしてたから、同時に。例えば、冒頭《ぼうとう》で言われた田中角栄《たなかかくえい》さんなんかも、事前に山林とかを、たくさん買っておいてさ、そのあと、鉄道を通したりいろいろして、土地が値上がるのを知ってて、土地転がしをして、資金づくりをたくさんやってたし、会社も経営してたからね。

そういうわけで、政治家をやってても、金も儲かったし、西武《せいぶ》なんかの創業者もそうでしょう?　きちんと、土地で儲けてるはずですよ。

まあ、そういうことが、今、政治家には、「倫理《りんり》が厳しい」という意味で許されなくはなってきているけども、その意味では、「人に稼《かせ》がせてやらなきゃいかん理由もなくなってきた」ということがあるわなあ。

酒井　そうすると、政治家にも実は、「成功者を喜ばない心」が出てきていると?

江副浩正　そう、そう、そう、そう。こちらも、役人と一緒《いっしょ》になってきてさ。役人は、法律で給料が決まっているからねえ。

株で大儲けをしたり、競馬《けいば》で大儲けした役人なんていうのは、絶対、追放されますから。

酒井　そうすると、政治家が言っている「成長戦略」というのは、何なのでしょうね。

江副浩正　安倍さんが儲からないんだったら、そらあ、本物にならないよ、きっと。たぶんね。

だから、それは、「掛《か》け声」というか、「自分の政治家寿命《じゅみょう》を延ばす」という以上の意味はないわね。

江副氏の考える「日本社会の仕組み」と「急成長企業《きぎょう》のつくり方」

酒井　成功者が出てくるような、あるいは、大富豪《だいふごう》が出てくるような、成長戦略というのは……。

江副浩正　それは、難しいでしょうね。刑務所《けいむしょ》に先に入るでしょうね、大富豪になる前に。

酒井　そうですか。日本にビル・ゲイツは出ないですか？

江副浩正　出ないね。だから、刑務所に入るか、暗殺されるか、どっちかだね。

小林　「出ない」と言ってしまうと、それで答えが出てしまいますので……。

江副浩正　ああ、そうか。

小林　まあ、今のまま行けば、そうなのかもしれないのですけれども、少しでも、そういうものを変えていく、要するに、先ほどおっしゃった、「日本教」を変えていくという意味で、もし、「自分だったら、こういうことをするのではないか」ということがあれば、ぜひお教えいただきたいのですが。

江副浩正　会社の数が多いからね。だから、一社だけが、あまりにも儲かるみたいなのは、〝村の掟《おきて》〟に反するんだよ。

まあ、「儲かるときは、みんなで仲よく儲かるようにしよう」っていうことであれば、「儲けは小さくなる」ということだな（笑）。

酒井　それは、江副さんは、好きではないですよね？

江副浩正　うん、まあね。だから、急成長企業《きぎょう》には合わないわなあ。

酒井　会社を急成長させて、大きくさせて、生き残って、国に貢献《こうけん》できる、あるいは、世界に貢献できるような企業は、どのようにすればつくれますか？

江副浩正　分かんないけどね。結局は、「コロンブスの卵」と一緒で、最初に立てるのは、みんな気がつかないし、分からないから、立てた人は偉《えら》いんだけども、立ってしまったら、まねすれば、いくらでもできる。「ああ、そういう仕事ができるんだ」と思えばできるので、あとからだんだん、値打ちがない、大したことないように見えるんだよ。

初めてやるのは、とても難しいんだけど、あとから、「ああ、なるほど。就職雑誌で（会社を）つくりゃいいんだ」と思えば、似たようなことは、ほかの人だってできるからね。最初に考えつくのは値打ちがあるんだけど、その値打ちの部分がもつのが、三年ぐらいなんだね（笑）、日本ではね。

もう、三年もしたら、ほかのところが参入《さんにゅう》してくるから、それで、過剰《かじょう》競争、過当競争が起きてくるんでねえ。

国が民間企業《きぎょう》に「寛容《かんよう》になれない」理由

酒井　それは、企業《きぎょう》の参入障壁《しょうへき》の問題になりますけれども、国として、「それに嫉《しっ》妬《と》する」というか、「成功者を許さないもの」というのは何ですか。

江副浩正　うーん、まあ、国自身が赤字だからね、基本的にはねえ。だから、民間が利益を食《は》んでいるのは、あまり面白《おもしろ》くないし、それに利益が出ても、利益隠《かく》しができるからねえ、いろいろ。社員に給料をあげても、あるいは、株主に配当をしても利益が消せるし、新規投資しても利益は消せるからね。事実上、利益は、内部に、いろいろなかたちで留保をすることはできるからねえ。

そういうわけで、「経済が発展して、企業が儲かったら税収が増える」っていう意見は、君らも言ってるのかもしらんけども、必ずしも、そうは言えない。悪賢《わるがしこ》い経営者がいれば、利益は、上手に隠すことはできるのでね。

例えば、西武鉄道系の、コクド・プリンス系なんかでも、そうだったわね。ホテルを出して、十年間赤字を出すことで利益を消して、「法人税は、一円も払《はら》わずにやる」という〝超《ちょう》芸術的〟な経営をやってたね。

「儲かってるのに、税金が発生しない」っていう、まことに見事な経営をやってたわけだけど、まあ、

西武グループの急成長の象徴でもあった東京プリンスホテル（東京都港区）。

それも、躓《つまず》いたよな、あそこもな。堤《つつみ》さん（堤義明《よしあき》氏）のところも、躓いたけどね。結局、「企業を繁栄《はんえい》させても、国の赤字が減るわけではない」っていうところね。これは、君らが、まだ気がついてない論点かもしれないけど、ここのところがあるから、企業に対して、そんなに寛容《かんよう》にはなり切れないし、経営者に対して「性悪説」が、やっぱり残ってはいるんだよなあ。

孫正義《そんまさよし》氏と「楽天《らくてん》」に感じていること

綾織　「成功者を出す」という点について、個別の例でお伺いしたいのですけれども、江副さんの場合、情報産業を、ずっとつくり続けられているところで挫折《ざせつ》になったわけですが、ある意味で、その先にある仕事をやっていると考えられるのが、孫正義《そんまさよし》さんであって、彼は、ある程度、それに近いのかなというイメージを持っています。

江副浩正　ああ、そうだね。よく、もってるよね。よく、もってると思う。もうとっくに、本当は、足をすくわれてなきゃいけないはずなのに、よく、もってるなと思って、私も感心してるのよ。
　あれは感心してるよ。何か、あれは、〝防衛システム〟を持ってるね。

綾織　ああ、そうですか。ほお。

江副浩正　何か、防衛システムがあるわ、あそこには。でなければ、もう引っ掛かってるはずなのでね。それは、ああいう人だから、もともとが、日本の本筋の人ではないので、やられることは十分承知しているために、防衛システムを、そうとう構築していると思われますねえ。

綾織　アメリカにも、かなり思い切った投資をされていますので、日本だけではなくて、アメリカから見ても、警戒《けいかい》されるところが出てくると思います。

江副浩正　普通《ふつう》は、日本人は逃《に》げられないんだよね。もう、逃げられないようになってる。村八分《むらはちぶ》になった場合には、村から、もう逃げられないようになってるけどねえ（笑）。

だから、ちょっと、その秘密のテクニックは、よく分からないけども、一般的《いっぱん》には、ああいうかたちの成功をした場合には、もう、拘置所《こうちしょ》に入ってないとおかしいんだけど、まだ入ってないっていうことは、よほど上手な防衛システムが構築されてると見るべきだねえ。

まあ、次は、楽天《らくてん》とかも、そろそろ〝危険ゾーン〟に入ってきてるとは思うけどね。

小林　楽天あたりも、おそらく、そうした防衛システムの構築はしているのだろうと思いますけれども。

江副浩正　やってはいると思うけどね。

8 「戦後民主主義」が「経営者性悪説」をつくった

戦後「日本社会のトレンド」をつくっている淵源《えんげん》

小林　先ほど、まだ日本には、どうしても、「経営者性悪説」というものがあるのだとおっしゃっていましたが、この淵源《えんげん》はどこにあるのでしょうか。

戦後の、やや左翼《さよく》的な風潮のなかでは、確かに、そうだったように見えるのですけれども、戦前や明治期まで遡《さかのぼ》ると、必ずしも、そうではないようにも見えます。いちおう、大きな資本家も出てきましたので。

ただ、今、そういう「性悪説」があるとしたら、これは、戦後の影響《えいきょう》なのか、あるいは、それにとどまらず、戦前からある日本的なものなのか。

江副浩正　いや、それは、やっぱり戦後だよ。

やっぱり、ＧＨＱ（連合国軍最高司令官総司令部）のつくった「戦後体制」の見直しで、まあ、それは、安倍《あべ》さんがやってることとも同一だけどね。戦後の見直しなんだよ。

戦前は財閥《ざいばつ》があったので、財閥は、それなりに資金を集中して、大勢の従業員も雇《やと》えて、〝マハラジャ〟もできれば、作家だって、戦前の作家は、家に書生《しょせい》を十人ぐらい養えるほどいたけど、今は、そんな作家、いやしないだろう?

やっぱり、全部、平等性のほうに傾《かたむ》いていくので、作家の経費も全部削《けず》っていくし、そういうふうに、交際費も削っていくし、みんなミニマイズ（最小化）していくのでね。

基本的に、この目に見えない力は、〝軍隊蟻《あり》〟が動かしてるんだよ。そういう、平均月給三十万円ぐらいの人が、実は「日本社会のトレンド」をつくってんだよ。それは、人数がいちばん多いから、このあたりが。

「戦後体制の見直し」に対する「現時点での思い」

小林　そうしますと、実は、経済的な成功に向けて、そうした風潮を変えていく上でも、今は政治マターである、「戦後体制の見直し」が、経済的な意味でも必要なのだと。あるいは、それが、ある種、中核《ちゅうかく》になるのだと……。

江副浩正　いや、それができるだけの力はねえ、そう簡単には生まれないよ。やっぱり、その前に、また、敵がたくさんいるのでね。

だから、君ら政党（幸福実現党）も、確か運動をやってるよな？

いや、これは俺《おれ》の意見だからさあ、あまり聞かないで、もう話半分というか、知らない人の戯言《たわごと》だからさ、そう思って聞いてほしいけども。俺的に、まあ、リクルート的に言わしていただけりゃあ、政党が成功してないから、今、助かってるかもしれないのでね。あれで、政権取りに入ったら、君ら、刑務所《けいむしょ》にみんな入ってる可能性はあると思うよ。日本の嫉妬《しっと》ってのは、すごいよ。

小林　ええ、そういう仕組みは、ある程度、もちろん存じ上げてはいますので、そこに向けて注意をし、体制も敷《し》いています。

ただ、今おっしゃったなかで言うと、「戦後体制の見直し」のところには、どうしても踏《ふ》み込《こ》まないといけないというお話のようにも伺《うかが》えたのですが、そこはいかがでしょうか。

やはり、あれだけ成功された方ですから、今日は、いろいろ、ヒントといいますか、ご自身の目でご覧になった、エートスみたいなものを、ぜひ教えていただければと思うのですけれども……。

江副浩正　いやあ、でも、そういう「平等性」や、成功者、企業家《きぎょうか》への「性悪説」があることは残念ではあるんだけど、ある意味で、「お金っていうのは、諸行無常《しょぎょうむじょう》の存在なんだな」っていうことを、つくづく感じるので（笑）。まあ、循環《じゅんかん》してる間だけ役に立って、滞《とどこお》ると、結局、鬱血《うっけつ》と同じ状態を起こすっていうのかなあ。血液みたいに回ってるときは、うまくいってるんだけど、それが鬱血して、高血圧になったり、動脈瘤《どうみゃくりゅう》が破裂《はれつ》したりすれば、要するに、死に至るっていう感じかなあ。だから、「鬱血する」っていう状態が、財閥とか、ある特定の企業家のところに金が貯《た》まるとか、そういうことに相当するんだろうからねえ。

小林　今は、お亡《な》くなりになってから、まだ一年くらいの感じですから、おそらくは、最終的なところまで戻《もど》られたときの江副さんに比べると、やや、悲観的とは言いませんが、シニカルな見方はされているのかもしれませんけれども……。

江副浩正　いや、〝うちの社員〟が、こんなところまで転職してきてんの。かわいそうじゃないか。

酒井　かわいそうじゃないです。好きですから。

江副浩正　ええ？　かわいそうじゃないか。

酒井　いえいえ。リクルートに入る前から、幸福の科学で勉強していましたから。

小林　というか、ステップアップもしてきていますので……。

江副浩正　ああ、そうなの？

小林　ええ、いいと思うのですけれども。

江副浩正　いやあ、よかったね。おめでとう。

酒井　いえいえ。ありがとうございます。

日本における「成功者の定義」とは？

小林　そうは言われても、もともとの魂《たましい》が昇竜《しょうりゅう》のような魂でいらっしゃると思いますので、いずれどこかの時点で、やはり、「もう一回生まれ変わって何かやりたい」と思われるだろうと思います。

それで、例えば、縁《えん》があったので、「もう一回生まれ変わるときは、事情もよく分かっている日本で、もう一発、勝負をかけてやろう」と思われたとしたら、「どういう国になっていてほしくて、そこで、今度は、どのようにしたいか」というようなところを、少しお教えいただければと……。

江副浩正　だからねえ……。東大出のね、新規の事業家っていうのは、本当に数は少ないものなんで、私なんか、もてはやされたほうではあったと思うんだけども、一定レベルを超《こ》えたあたりで、その信用の限界が来たような感じはするんだよな。

事業っていうのは、リスクを背負うからこそ、「ハイリスク・ハイリターン」なんだよ。

それで、「ハイリスク・ハイリターン」なんだけど、高学歴の人っていうのは、基本的に、「ハイリスク・ハイリターン」は、やらないんだよ。「ローリスク・ローリターン」で、我慢《がまん》するところがあるんだよな。その代わり、「社会的な名声だけは得る」っていうところがあるんだけど、まあ、実質も取ろうとした部分に、嫉妬の原理が働いたんだな。

要するに、東京大学の卒業生であることが、「安全株」っていうか、「リクルート系は、安心だ。社会的に大丈夫《だいじょうぶ》」と思って安心されて、支持を受けていて、支持層が増えて、成功したところもあるんだけど、一定以上、限度を超えたときに、俺を潰《つぶ》したのは、東大の法学部、経済学部の卒業生たちなんじゃないかと思うんだよ。実業家で成功したかったのは、そちらのほうだからね、本当は。

小林　今のは、端的《たんてき》に申し上げますと、要するに、給料の低い法学部出の検察官が、お金への嫉妬で潰しにかかったっていう……。

江副浩正　いやいやいや、まあ、「だけ」とは言わないけどさあ。あと、文学部で言えば、新聞記者とかだって、それ（東大の卒業生）は行ってるけどさあ。新聞記者や、週刊誌の記者もいるとは思うんだけども、彼らも、そういう一山当てたかったけど、サラリーマンになってしまった悲哀《ひあい》はあったとは思うんでね。

小林　そうしますと、そのなかから勝ち上がっていくといいますか、世の中をよくするためには、今のお話ですと、基本的には、「戦って勝つ」という選択肢《せんたくし》しか、なくなってくるところもあるのですが……。

江副浩正　ああ、まあ、そうじゃなくてね。成功の限界はね、家一軒《いっけん》、建てるところまでしかないんだよ、日本には。成功者の定義はね、「家一軒、建てるところ」までしか、要するに認められてないんです。これは不文律《ふぶんりつ》。何も書いてないよ。書いてるもの、何もないけどもね。

酒井　この二十年の不況《ふきょう》は、このカルチャーを直さないかぎり、立ち直らないと……。

江副浩正　だから、ほとんどの人は、マンションに入って、そのマンションのなかの、2LDKや3LDKまでしか許されてない。

「バブル」を乗り切るために必要だった政策とは

酒井　では、仮定を変えましょうか。バブルと言われた景気を、さらに延ばすためには、どうしたらよかったのでしょう？　あそこは。

江副浩正　うーん……。そうだねえ、実は今、移民のところで、ネックがあると思うんだけども、本当は、東南アジアとかあたりから移民を入れて……。まあ、本当は、人間の階層に上下《じょうげ》があるってことは、あまりいいことではないんだけども、ローマの繁栄期《はんえいき》に奴隷《どれい》階級があったように、アメリカに黒人奴隷階級があったように、奴隷とは言わないけども、いわゆる「下請《したう》け」、「下働き」をしてくれる階層を一層つくっておけば、今度は、上流階級っていうものが成り立つ。そういうバランス関係にあるんだけど、その下の階層をつくらないようにしていったのが、戦後のずっとの流れなので、みんな平均に上がっていった。

「中流は九割」っていう考えでしょう？　「九割が中流で、あとの一割は、上流ないし、下流に当たる」っていうことで、この下流の部分が「ワーキングプア」とか、なんか今、言われてるんだろうし、「フリーター」とか、そんなもんでしょうけど。あとは、上流の一部の成功者がいて、九割が「中流」と自分を認識している世界に入ったわけよね。

この九割の中流が、要するに「下」は、いじめ、殺しはしないかもしれないけども、零《れい》コンマ数パーセントの少ない「上」を、攻撃《こうげき》するわけね。

そして、民主主義の原理が、投票権をもととする平等観に基《もと》づくとしたら、数的には勝てないことになってるから、政治家は、その中流層の言うことをきくようになるわけ。

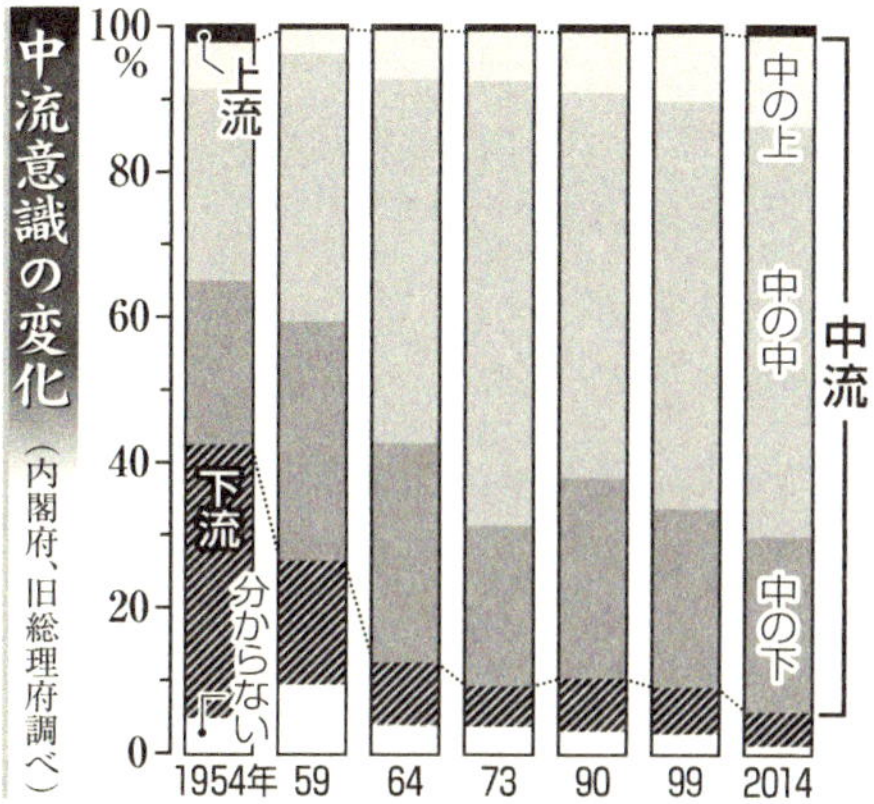

内閣府「国民生活に関する世論調査」から。2014年度の調査では「中の上」「中の中」「中の下」と答えた人の割合が9割を超えている。

だから、上の層にいる人たちは、引きずり下ろす政策をつくられることに、必ずなっているの。必ず転落する。

そして、転落した分を、下の数パーセントの下層階級のほうに回すように、圧力がかかってきて、「全部を中流にしていこう」という、九割を十割にしようとする圧力のほうに働いてくるんでね。

これは、思い切って、バングラデシュやコルカタみたいな層を、ある程度つくっておけば、上も、それに相応する分ぐらい、実は、存在できるんだけどね。

結局、日本の目が、みんな中流に向いているために、まあ、そんな……。

酒井　そうすると、上流というか、そこの意識の差だけで、実はバブルを乗り切ることができたと言えるんでしょうか。

江副浩正　ただ、逆に、中流が多い面はね、「犯罪が少なくて安定した社会ができた」っていうメリットもあるんでね。

まあ、それはもう、国の選び方だね。「この国が好きか。ほかの国が好きか」という選び方だけど。

アメリカでも、やっぱり、そんな無制限の成功はできなくなっていったでしょう? 大きくなりゃあ、企業分割《ぶんかつ》されたりするし、いろいろと法律的にも難しくなってくるところがあるからねえ。

小林　分かりました。

〝富の製造〟に関心がなくなると「帝国的《ていこく》支配」が起きる

小林　この国のかたち自体を、これから、われわれが「思想の力」で変えていこうと思っているんですが、それを前提にしつつも、次に生まれ変われるときに……。

江副浩正　私？

小林　はい。この国を選びますか。日本を。

江副浩正　でも、アメリカもあんなになっちゃってきてるしね。今、成功できる可能性があるのは、中国の南部だけなんだけど、これも、もう先が短いことが見えているので。あとはもう、ないねえ。

今、オイルシェールとか、シェールガスとかいうのが噴《ふ》き出してるのは本物か、本当のゴールドラッシュなのかどうか、ちょっと、そこが気になるあたりだけど。

世界には、貧困層《ひんこんそう》がまだかなりあるのにもかかわらず、〝富の製造〟のほうに関心がなくなっていきつつあるんだよ、どっちかといえばね。だから、これは救えない方向に行くんじゃないかと思う。そうすると、どうなるかということだけども、「帝国的《ていこく》支配」が必ず起きてくると思うなあ。

9 「才能による経営」と「徳による経営」

「最終目標が大きくなかった」という失敗

酒井　ここで少し話を変えまして、多くの人は、「リクルートの秘密について知りたい。江副さんの経営について知りたい」と思っていると思うので、経営に関する質問をさせていただきます。

まず「江副経営の秘密」についてお伺《うかが》いしますが、リクルートは、なぜ成長したんですか。その秘密は、何だったのでしょうか？

江副浩正　まあ、「君みたいな優秀《ゆうしゅう》な人が入ってきたから」って言ってほしかった？

酒井　いえいえ、そういうことではなくて。私から見たら、リクルートは強烈《きょうれつ》な営業力を持っていたし、高学歴の人であっても、アルバイトであっても、女性であっても、東大卒であっても、目標達成に向けた異常なモチベーションを持った会社だなと、思っていました。

江副浩正　うーん、だけど、「逆」かもしれないよ。その成長する過程ではモチベーションがあるように見えたかもしれないけども、俺《おれ》の限界というか失敗は、結局、最終目標が十分に大きくなかったことかもしれない。

もし最終目標があったなら、それを目指しての方程式が立ったかもしれないけど、「ゼロ」から始めたからね。「ゼロ」から始めて急成長して、渦中《かちゅう》に入って、失速していったんで。

酒井　なるほど。「最終目標の部分で、江副さんの挫折《ざせつ》が来た」ということは分かりました。

「才能」に重きを置きすぎて、「徳」が足りなかった

酒井　ただ、なぜ、あのように、いろいろな人が高いモチベーションを持てたのでしょうか。

江副浩正　それはねえ、君はまだ下の立場にいたからそう見えたんだろうと思うけども、結局、「松下幸之助《まつしたこうのすけ》さんみたいな経営哲学《てつがく》を、俺が人に説いて教えられるところまで、普遍化《ふへん》できていなかった」ということだと思うんだよ。内部的な起業家をつくり、それが独立できる程度のノウハウまではつくれたけども、経営哲学として一般《いっぱん》の人々に恩恵《おんけい》を施《ほどこ》すところまでは行かなかったのと、成功がちょっと早すぎたのと、ちょっと一方的すぎた部分があったので。

やっぱり、もうちょっと苦労した部分が何度かあったらなあ。そら、松下幸之助さんが「三回に一回ぐらい失敗する」と言ってるとおり、ときどき、危機を乗り越《こ》えてきたら、みんな〝浪花節《なにわぶし》〟だから、それに納得《なっとく》するところがあるんだよね。「苦しいところを乗り越えてやってきた」っていうのになればいいけど、わりにスーッと行ってしまったからね。これに対しては、やっぱり、「撃《う》ち落としが働く」っていうのはあったかなあ。

今にして思えば、俺ねえ、やっぱり、「才能のほうにやや重きを置きすぎたんだな」と思う。

要するに、ビジネスに強く、ビジネスチャンスを生かして、それを結実させていくっていう「才能」に目をつけていたし、それを伸《の》ばす力は持ってたんだけども、「才能」はあっても、「徳」が至らなかったのかなあ。「徳」の部分が足りなかった。

だから、「徳による経営」まで行かなくて、「才能による経営」までしか、悟《さと》りが行ってなかったのかなあ。まあ、そのへんが大きくなりすぎて、独《ひと》り立ちしたように見えた部分が、嫉妬《しっと》を受けた部分かなと思うなあ。

10　情報産業と日本の未来は？

戦国時代の「情報産業」とは何か

綾織　今世《こんぜ》以外でも、何かしら、撃《う》ち落とされるような経験をされているのでしょうか。

江副浩正　リクルートぐらいの会社をつくる程度の経営者は、日本にもたくさん出たから、凡百《ぼんぴゃく》の成功者の一人だとは思うけどね。

酒井　例えば、中内㓛《なかうちいさお》さんと仲がよかったわけですよね？

江副浩正　うん。

酒井　中内さんは、過去世《かこぜ》で戦国時代に生まれているんですよ（『ダイエー創業者 中内㓛・衝撃《しょうげき》の警告 日本と世界の景気はこう読め』〔幸福の科学出版刊〕参照）。

江副浩正　そうだね。

酒井　江副さんもそのあたりに生まれていらっしゃったんですか。

江副浩正　さあ。どうだろうねえ。まあ、戦国時代の情報産業って何だね？

酒井　うーん。商人？　戦国商人……。商人ですかね……。

『ダイエー創業者 中内㓛・衝撃の警告 日本と世界の景気はこう読め』（幸福の科学出版刊）

江副浩正　まあ、ちょっと投機的なものはあったかもしらんがなあ。まあ、商人でなきゃ、武家に仕《つか》えりゃ忍者《にんじゃ》系だろうからさあ（笑）。

酒井　忍者だった……。

江副浩正　情報産業ってのは、それほど大きなものではなかったかも……。

酒井　伊賀《いが》・甲賀《こうが》とか、そういうものですか。

江副浩正　アハハ。いや、まあ、そこまで言うつもりはないけどさ。まだ、俺《おれ》は尊敬されてないから、そんなに。〝偉《えら》い人〟でないほうがいいんじゃないか。

酒井　そうですか。

「株を理解していない日本社会」は簡単に変わらない

綾織　やはり、〝リクルートの遺伝子〟というのは、今も非常に注目をされていると思います。

江副浩正　何？　この人（酒井）が入ったから、教団が発展した？

酒井　いや、いや、そんなことはないんですけど。私は別に〝リクルートの遺伝子〟をここ（幸福の科学）に入れたいわけではないので。

ただ、世間《せけん》的に起業する人が増えていますよね？

江副浩正　うん、そうだね。多いね。

酒井　リクルートからも起業してる人は多いですけど、そうした起業するカルチャーが、もっと広まるべきだと思うんです。

江副浩正　いや、でも、まだ日本社会もねえ、「株」っていうのを理解してないんじゃないかなあ。まだ理解していないんだと思う。

アメリカが使ってる小切手だって、いっこうに流行《はや》らないだろう？　紙切れを信じない。ね？

酒井　株は、日本社会に対して、どういう効果をもたらすでしょうか。

江副浩正　うーん、何だろな……。やっぱり「投機」ということに対して、まあ、「投資」でもいいんだけども、「個人の投資で一山当てて、別荘《べっそう》を買った」とかいうようなことが、美談として通用しないんだよね。

だから、「マンションに住んでて、どこかの株を買ったら、それが当たって大金が入り、どこそこに、葉山《はやま》に別荘が買えた」とかいうのを聞いたら、団地妻たち十人のうち九人は、もう悪口を言い始めるんだよ（笑）。はっきり言えばね。このカルチャーは、そう簡単には変わらないよ。

酒井　変わらないのは分かるんですが、「これは日本の社会にとって必要なことなんだ」という説得ができれば……。

江副浩正　まあ、でも、「成長」も、ある意味での「恐怖《きょうふ》」なのかもしれないよ。だから、何て言うの、ジェットコースターが落ちていく前、カタカタカタカタッと上がっていく、あの感じ？　あんなふうな恐怖を感じる人はいるのかもしれないけどねえ。平地を走ってるから安全なんであってね。

「銀行をいじめるドラマ」が流行《はや》るぐらい傷ついている

小林　聞くところによりますと、「九〇年代に、株価を潰《つぶ》された痛み」が、いわゆるトラウマとなって、そうとう残っていて……。

江副浩正　それはそうだよ。そうとうだよ。

小林　今、「銀行から貸す」とか安倍《あべ》さんがうまいことを言っても、そう簡単には……。

江副浩正　信じないよ。信じまい。ねえ?

小林　「そんな銀行や政府の言うことは、信じませんよ」と言うわけです。

江副浩正　一万五千円ぐらいまで株が上がったら、「また下がるんじゃないか」って、やっぱり、思い始めるなあ。

小林　はい。何か、ある種の「恐怖心」といいますか、「信用していない部分」というのが、確かに根強くあるなと感じます。

江副浩正　銀行をいじめるドラマが流行《はや》ってるんだろ？　とっても。もう、みんな、そうとう傷ついてるからねえ。潰された会社の家族だとか……。

小林　そこを癒《い》やすわけではないですけれども、そこから立ち上がっていく、ある種の成長主義に変わっていくためには……。

江副浩正　でもね、日本の独《ひと》り勝ちで、もし日本だけ豊かになって、ほかの国に金を貸してやって、日本だけが、こういう感じ（両手で顔を扇《あお》ぐ）になったら、これはこれでまた憎《にく》まれて、きっと、また同じことが起きる（笑）。憎まれて……。

小林　ですから、その場合に、「それこそ、国際公共財を提供するようなかたちで、還元《かんげん》していく部分が必要なんだよ」というのが、先ほどのお話かと思うんですが。

江副浩正　それは、まあ、失敗……、（私は）途中《とちゅう》まで成功して、挫折《ざせつ》して、失脚《しっきゃく》した、「晩年衰退運《すいたい》」みたいな人間だから。途中まで一攫千金《いっかくせんきん》で、途中から晩年衰退に入ったような運勢だろうから。たぶんな。

だから、言ってることは暗いんだろうと思うけども、まあ、「大川隆法さんは成功してるうちに、あの世へ逝《い》ったほうがええなあ」っていう……。

酒井　一緒《いっしょ》にはしないほうがいいと思うんですけど。

江副浩正　長生きすると失敗するよ、いろいろと……。

酒井　いやいや、あなたとはちょっと違いますから。

江副浩正　違いがあるのかねえ。

酒井　はい。

江副浩正　うーん。そうかなあ……。

「情報開示」と「モチベーション」について訊《き》く

酒井　リクルートのよいところは、やはり、非常に開放的だった点です。情報は何でも開示しましたでしょう？

江副浩正　うん。なるほど。

酒井　私は、モチベーションの秘密は、この情報開示にもあったと思うんです。「みんな経営者だよ」と言って、経営情報さえも全員に開示した部分だと思うんです。まあ、隠《かく》すべき部分もあったとは思いますけど。

江副浩正　会社のなかでは、いい会社だったんだよねえ。ほんとになあ。

酒井　はい。ただ問題は、その情報は社員だけではなく、敵にも全部渡《わた》っていたと。

江副浩正　そうだった。そうなんだよ。それをやられたんだ。

酒井　「これだけの利益率か」と。ものすごく高い利益率であったのは事実だと思うんですね。

江副浩正　宗教法人も、確かに隠してるわな、そのへんは。宗教法人は外に見えないようにしてる。

酒井　普通《ふつう》の会社も、そんなに外には出さないですよ。

江副浩正　うーん。そうですか。

酒井　リクルートは外にも出してましたし、スパイが来ても、「どうぞ、どうぞ」と言って、たぶん情報を全部出していたと思います。これは危機管理の……。

江副浩正　まあ、「独り勝ちしている」と思ってたところがあったからなあ。ほかの新聞とか雑誌とか、あんなの出してるところも、みんな経営は、けっこう厳しいからねえ。

だから、裸《はだか》の写真だの、袋《ふくろ》とじだの、いっぱい出してて、大卒の社員とかも、ほんとは内心、恥《は》ずかしい思いはいっぱいあっても、それでもやらないと食っていけないし、「潰れるかもしらん」と思ってやってる部分があるんだろうから。

そういうところに、外に数字をきれいに見せられる企業《きぎょう》があったら、やっぱり、許せないところがあるんだろうなあ。

やっぱり、社員だけにリターンが返ったんだけど、ほかの会社の社員までは行ってないからね。

それと、「ばら撒《ま》いた相手が、有力者ばっかりだった」っていうところが嫌《きら》われたんだろう。

「経営者として磨《みが》かれる部分が足りなかった」と反省

酒井　では、江副さんのマネジメントを、あそこでどのように変えるべきだったのでしょうか。ドラッカーも学んでいらっしゃったので。

江副浩正　うーん。そら、宗教と提携《ていけい》したほうがよかったかもしれないねえ。

酒井　それは、江副さんの経営者としての徳の話としては分かりますが、会社の経営としては、どうでしょうか。

江副浩正　まあ、でも、経営としては、やっぱり不十分なものがあったと思うんだよ。

人間は、前にも走れるけど、後ろにも走れるんだよ。しゃがむこともできれば、ジャンプすることもできるんだよ。

だけど、（私自身は）「スタートダッシュをかけて、快速でテープを切る」っていうことに快感を感じてた人間なので、やっぱり経営に山や谷があって、いろいろと磨《みが》かれる経営者の部分、幸之助《こうのすけ》さん的な部分が足りなかったのは、事実だと思うんだよ。

それから、個人カリスマでやってた部分は一緒だと思う。中内さんなんかもすごい勉強家であって、本もたくさん読んでやってたけど、長くやりすぎたために、最後、社会的な経営変動の波を乗り切れなかった面はあったのかなあっていう気はするんでね。景気変動の波っていうのは、一社に関係なく来るからねえ。

大川さんは、もうそろそろ出家《しゅっけ》したほうがいいよ。いや、こんなこと言っちゃ……。

酒井　いやいや、もう出家されています。

江副浩正　もう出家されてる？　なんか、でも、危ないよ。「若くてずーっと成功する」って、そんなに日本社会は寛容《かんよう》でないよ。

情報産業の〝戦国時代〟は統一される必要がある

小林　最後に一点、せっかくお越《こ》しいただきましたので、お訊《き》きしたいことがあります。

「生前、江副さんを叩《たた》いた各界の方々に対してコメントしてください」ということではなく、「リクルート事件で叩いたことは間違いだったんだ」という気づきを持っていただくには、「実は、この方は、どういう方だったのか」というところを示すことが、いちばん効果的かと思っています。

先ほど、謙遜《けんそん》していましたが、言葉の端々《はしばし》からは、「それなりに活躍《かつやく》をされた方だったのかな」というニュアンスが何となく伝わってきました。「まだ、この世の評価が戻《もど》ってきていないから」ということで、ご遠慮《えんりょ》された部分もあるかと思うのですが、せっかくの機会ですので、ぜひ、過去世をお示しいただいたほうが、日本国民に対する一つの覚醒《かくせい》といいますか、インパクトとして……。

江副浩正　いや、それは、君が過大評価してるんだよ。

情報産業で大きくなろうとして、ちょっとだけ、人が気づいていないところに気づいて、早く行《い》ったけど、情報産業自体は、もう、情報過多の時代に入ってきていた。人口が増えないのに、情報は過多になってきてたんだから、これは、潰し合いになるのは目に見えていたことであるので。法律的なところで引っ掛《か》かってくるようなかたちでなくても、いずれ、別のかたちで大手が潰しに来ただろうとは思うから、結果は、そんなに変わらなかったかもしれない。

ドラッカーも、「知識社会の時代は、知識が経営資源になる時代だ」と言ってるけど、知識がいっぱい溢《あふ》れても、知識産業はあり余るほどいっぱいできてくる。

それに、今は個人がさあ、出版社も放送局も兼《か》ねているようなちっちゃい情報発信をいっぱいしたり、情報を買ったりしてる時代だから、非常に戦国乱世みたいな情報時代に入ってると思うよ。

この個人でやってるやつは、ある意味では、みんなが出版社になったり、テレビ局になったり、ラジオ局になったり、本屋になったりしてるような喜びもあるんだろうけれども、「いずれ、この〝戦国時代〟は統一されなきゃいけない」と思うんだよ。やっぱり、非効率な面がそうとうあるんで。「個人が勝手にやっている」っていうのも、だんだん統一されていかなきゃいけないと思う。

今の巨大《きょだい》マスコミが潰れるかどうかは知らないけど、何らかのかたちで、もう一段、スキルが上の者が統一をかけてくるはずだと思うんだよね。日本的なビル・ゲイツやスティーブ・ジョブズみたいな人が出てきたら、この「情報の統一」に入ってくると思う。たぶん、規格化することで、利益を確保するようなものができてくると思うね。

今後、国内と海外のマーケットで何が起きるのか

酒井　今、リクルートは株式上場ということを考えている時期に来ていると思うんですが（注。収録時点。その後、二〇一四年十月に、リクルートホールディングスは東京証券取引所第1部に株式上場した）、それについては、どう思われます？この戦いに勝ち残っていけるんでしょうか。

江副浩正　いや、リクルートはもう終わったよ。まあ、働いてもいいけど、もう終わったよ。まあ、いくらでもつくれる。今、〝リクルートの遺伝子〟って言ったたっ

て、どこだって、やろうと思えばやれるもの。どこでもやれるから。

酒井　例えば、先ほどのお話で、楽天《らくてん》とか、ソフトバンクとかありましたが。

江副浩正　あれはもう、いずれ、マーケットが限界に来るからさ。まもなく潰し合いに入るから。スーパーとかコンビニで起きたことと同じことが、彼らにも起きるから。たぶん潰し合いが。

酒井　日本で、ＩＴ産業というのは、本当に育つのですか。「日本では、ＩＴは無理だ。難しい。日本語という情報を使っているかぎりは、国際マーケットでは勝てない」と言う方もいらっしゃいますが。

江副浩正　うーん。分からんなあ。それについては分からん。分からんけども、やっぱり、国内は飽和《ほうわ》してくるから、〝殺し合いの時代〟に入るとは思うよ。

「海外との関係ではどうか」っていうと、もうひとつ分からないところがある。

国内では、要するに、「日本単一民族で日本語が通じる」っていうことで、「万一《まんいつ》、不良品とかをいろいろ売りつけても、そのあと、それが社会問題になったら制裁を受けるから、（法律を）守らなきゃいけない」っていう法律重視の考えが働くのでいいけど。海外になるとさあ、やっぱり、もう、追跡《ついせき》できないもんね。物を買ったり売ったりして、もし不正があっても、あとの追跡ができないので。

「個人が、商社の代わりに物を売ったり買ったりするのが、先端《せんたん》的な事業の到来《とうらい》だ」と思うかもしらんけども、まあ、商社みたいに、全世界にネットを持ってるようなところなら、ある程度、（不正をした）相手の会社を追い詰《つ》めることができるかもしれないが、個人では、もうできないよねえ。

酒井　そうですね。

「情報産業」は、いずれ不要なものが淘汰《とうた》されていく

酒井　これから起業してくる若者たちに対し、「この分野に、まだフロンティアがあるぞ」ということについては？

江副浩正　うーん……。だから、今は、もう、手本になる国がなくなったんだよ。

酒井　国内で構わないのですが、どういう産業なら新たに……。

江副浩正　産業としては、税金をかけられる前の「宗教」なんかも、いいかもしれないけども。（税金を）かけられたら、これも、もう〝終わり〟になるから。

酒井　（苦笑）いえ、本当に、真面目《まじめ》な話でお願いします。

江副浩正　うーん？　そうだねえ……。ただ、やっぱり、何て言うのかねえ、今の情報通信だけで……。今は、携帯とかスマホとか、いろいろやってるけど、やっぱり、異常性を感じるよ。やっぱり、おかしい。

みんなが手に持って歩いて、道路を歩きながらやったり、横断歩道を歩きながらやったりしてるけど、異常性は感知するねえ。おかしい。やっぱり、これは、人間の本性《ほんしょう》には合ってないような気がする。

うーん……、これは、ゲームなんかが流行ったときと同じような現象で、今、栄えてるこの業種は、全部、滅《ほろ》びるんじゃないかねえ。

酒井　滅びると？

江副浩正　ほとんど。

小林　やはり、「未来には揺《ゆ》り戻しが来る」ということでしょうか。

江副浩正　うん、揺り戻しが来ると思う。だから、不要なものは淘汰《とうた》されていって、「要《い》らないものは要らなかった」っていうことで、戻っていくから。

人間として生きていくために、最低限、必要なものは残る。絶対に残るのは確実やけどね。まあ、「衣食住」に絡《から》んでる最低限のものは、たぶん残る。

でも、情報産業の部分は、はっきり言えば、〝飾《かざ》りの部分〟が多いのでね。そうした情報を生かして、それを十倍、百倍の価値に換《か》えていけるような人間にとっては、情報っていうのはすごい役に立つことやけども、普通の人間は、一の情報を仕入れても、一にしか売れない。「右から左」なんだよ、たいていの場合は。

その情報から、「あっ、これは、こういうところに生かせる」っていうところまで行く人は、やっぱり、百人に一人しかいやしないので、九十九人は、今、時間を無駄《むだ》に使ってると思うよ。

彼らは〝情報洪水《こうずい》〟のなかで溺《おぼ》れてる人たちなので、〝個人破産〟していく人たちだと思うし、そういう産業で生きてる人たちもみんな、やがて、失業の波のなかに沈《しず》んでいくと思われるね。

だから、そういう先進国の産業が潰れていって、そして、今、中進国、後進国の、まだ第一次、第二次産業あたりを走ってきてる、まあまあの連中が、ある程度のところまで成長する時代が、また、「次の時代」として来るんじゃないかなあ。

日本が「一国鎖国《さこく》主義」になるような気がしてしかたがない

酒井　では、日本としては、どういう産業に起業家を輩出《はいしゅつ》すべきですか。

江副浩正　うう――ん……、まあ、淡路島《あわじしま》で漁業をやるとか。

酒井　いや（苦笑）。まあ、そこにもあるかもしれませんが……。

江副浩正　うーん（笑）、まあ、原始的にやればね、淡路島で漁業をやるとか、まあ、そういうことはあるかもしれないけども。国際社会で軍事的な脅威《きょうい》とかが出てき始めると、自由な貿易はけっこう厳しくなってくるので、やっぱり、できるかどうかの問題はある。

私は、何となく、「一国鎖国《さこく》主義」になるような気がしてしょうがないんだけどね。

酒井　日本がですか。

江副浩正　うーん。そのほうが幸福かも。二、三百年鎖国している間に、世の中の、世間《せけん》の淘汰が終わってくれて……。

「上がったり下がったり」を経験したら、性格も暗くなる

酒井　やはり、江副さんは、少し暗いですね。

江副浩正　暗い、暗いよ。

酒井　はい（笑）（会場笑）。

江副浩正　だって、上がったり下がったりしたら暗くなるよ。君ぃ、それはそうだろ?

綾織　亡《な》くなったばかりなので、まだ傷ついていらっしゃるとは思うのですが……（苦笑）。

江副浩正　暗いなあ。

酒井　はい。

江副浩正　（綾織に）だけど、君のところの雑誌だってさあ、「目指せ！　百万部」「目指せ！　一千万部」「目指せ！　一億部」って言っても、やっぱり、行かんでしょう？

酒井　ただ、江副さんのお気持ちは分かりますが、もう少し未来を明るく考えないと。

江副浩正　暗いんだよ。だから、飽和するんだよ、マーケットが。マーケットは、必ず飽和するんだよ。

11　江副浩正氏の「現在いる世界」とは

過去世《かこぜ》は「驕《おご》れる者は久しからず」のような人生を送った者

小林　今世《こんぜ》に生まれられてからのプロセスの感じからしますと、やはり、ある種の計画といいますか、意志を持って生まれてこられたのだと思います。

そうしますと、過去世《かこぜ》の具体的なお名前までは結構ですので、そのエートスを感じさせるような、例えば、「実は、一つ前には、この時代に生まれていたんだ」というようなものはございますでしょうか。今のままですと、何となく、「暗いな」ということで終わってしまいますんで。

江副浩正　暗いんだよ。

小林　お名前までは結構ですので、「そうはありつつも、いや、実は、一つ前はこうだったんだよ」と……。

江副浩正　だから、もう……。レベルが大きくなりすぎるけどさ、「驕《おご》る平家《へいけ》は久しからず」みたいな、もう、そんなもんだよ、あれなんかな。そんなような……。まあ、平家は、いちおう、日本国中を荒《あ》らしまくってから滅《ほろ》びたから、一緒《いっしょ》にはならないかもしれない。こっちは、そこまでは行ってないし、業界の一部門だから、そういうふうにはならないけど……。

小林　今世は今世で、いい記憶《きおく》とご経験を得られたと思うのですが。

江副浩正　「驕れる者は久しからず」のうちの、そんな者なんじゃないの？

酒井　平家のなかの一人？

江副浩正　いや、平家とは言わないけどさ。まあ、そういうふうな、一時期は流行《はや》ったけど……。

酒井　流行った？

江副浩正　ああ、流行ったけど、落ちぶれて、石を投げられて死んだような人なんじゃないの。

酒井　それは戦国ですか。

江副浩正　いや、君らは有名人ばっかり探すから、もう、勘弁《かんべん》してくれよ。俺《おれ》が、成功したまま人生を終えてるんなら、堂々と胸を張って言うけどさ。こういうねえ、「ちょっと成功して、あとは失敗した人」なんて、もう、世の中に掃《は》いて捨てるほどいるんだよ。

綾織　時代としては、戦国時代……。

江副浩正　「元リバティの編集長で、今は銀座《ぎんざ》でゴミ拾いをしてる人」とか、こういう人は世の中にいっぱいいるんだよ。

綾織　いないと思います（笑）（会場笑）。

この世への執着《しゅうちゃく》が清算し切れず「迷いの世界」にいる?

小林　その時代のお知り合いとか、お友達などのお名前でも結構ですので。

江副浩正　いや、俺はね、そこまで宗教的境地が開けてないから、よく分かんないんだよ、そういうことは。

だけど、まだ、「迷いの世界」のなかにいるんだよ。まだ。

酒井　では、まだ、あの世には還《かえ》っていない?

江副浩正　いや、あの世に還ってないわけじゃないけどさあ。まだ、俗世《ぞくせ》との縁《えん》が完全に切れてるわけでもなく、天上界《てんじょうかい》で悟《さと》りすましてるわけでもなく、地獄界《じごくかい》で鬼《おに》に頭を叩《たた》かれてるわけでもない、迷いの世界のなかで、まだ、いろんなことを考えたりしてる状況《じょうきょう》なんで。

酒井　清算しかねている？

江副浩正　清算はできてないね。はっきり言ってね。

酒井　おつらかったと思います。

江副浩正　この世のことも、情報として取ってはいるけれど、「いずれ、これは執《しゅう》着《ちゃく》として忘れなきゃいけないことだなあ」と思いつつも、「この世のものがすべてなくなった、本社ビルもなくなった、会社もなくなった、自分がつくった事業もなくなった、というような世界に行けるか」というと、まだ行きかねている。

まあ、そういう意味では、執着が残ってるのかな？　俺は、まだ今世への執着も残ってるし、清算されてないから、「過去世でどんな活躍《かつやく》をした」なんていうような世界は、もう遠い遠い、昔の世界なので……。

江副氏が責任を感じている二つの出来事

酒井　江副さんは、非常におつらい立場にいらっしゃいますし、「失われた二十年」にも責任を感じていらっしゃるとは思います。

江副浩正　感じてるよ。

酒井　ただ、やはり、お一人の問題でもないと思うのです。

江副浩正　うーん。

酒井　これは、国民全体……。

江副浩正　だけどねえ、まあ、大勢の人に迷惑《めいわく》をかけたのは事実だからねえ。

酒井　それは事実だと思いますが……。

江副浩正　政治家や財界人や、まあ、役人も含《ふく》めてね。

酒井　ええ。それについて、本当に、ご自身がつらいと思っていらっしゃるのは分かります。

江副浩正　もう一つ、悪かったと思うことは、「リクルート汚染《おせん》」とかいうことで国力を落としてしまったことと、本当は、冷戦でのアメリカの勝利によってソ連邦《れんぽう》が崩壊《ほうかい》し、共産主義圏《けん》が潰《つぶ》れなきゃいけなかったのに、こちらの自由主義圏が同時に潰れるようなことが起きてしまったために、これが〝帳消し〟になっちゃった部分があって、〝延長戦〟になった……。

酒井　その引き金の部分まで、ご自身の責任だと感じていらっしゃるとは思います。江副さんの性格からして、おそらく、そうだと思うのです。

江副浩正　うーん。

酒井　ただ、やはりここは、社会に対して、積極的な提言や、打ち破るための提言をすべきだと思いますね。

日本には「江副浩正の呪《のろ》い」が残っている？

江副浩正　まあ、安倍《あべ》（晋三《しんぞう》首相）さんも、ようやるよねえ。

酒井　安倍さんのお父様とは、ご昵懇《じっこん》の仲でしたよね。「認めてもらって、育ててもらった恩師」ということだったと思いますが。

江副浩正　うーん。まあ、ようやるとは思う。あの経歴で、よく二回も総理をやるよねえ。本当ね。

酒井　安倍さんのお父様へのご恩も含めて、今の安倍さんに対して、何か提言していただければと思います。

江副浩正　まあ、だから、今、俺に代わるような者は、インターネット関係の〝あれ〟だろうから、そういう人たちがやってるようなことが、それに相応するんだろうとは思うけどね。

いろいろと売り込《こ》みをかけてるんだろ？　安倍さんの成長戦略にな。売り込みをかけてるんだろうと思うけどなあ。

酒井　「安倍さんがしてはいけないこと」についてだけは、言っておいてください。

江副浩正　でも、まあ、戦後の荒廃《こうはい》から世界第二位（の経済大国）まで行ったけど、これから順番に落ちていって、十位から落ちて、二十位、三十位になる。日本人は、これに耐《た》えられるかねえ。

酒井　そうならないように、何か一言《ひとこと》、最後に、言っていただけませんか。

江副浩正　うーん、でも、なるんじゃない？

「江副浩正の呪《のろ》い」ってのが残ってるわけだからさ（会場笑）、やっぱり、そら、上がった分だけ下がるんだよ。もう一回、戦後の荒廃期が来たら、もう一回上がれるよ。

だから、中国にボロボロの〝廃墟《はいきょ》〟にされて、もう一回、立て直すんじゃないの？　そしたら、もう一回、成長が楽しめるよ。

うん、うん。そのときに、もう一回生まれ変わってきてもいいよ。

酒井　うーん、残念ながら、そういうことですか。

12　江副浩正氏が「現代日本」へ伝えたいこと

日本の雇用《こよう》制度の問題点と改善策とは

江副浩正　いやあ、これから下がっていって、順番に抜《ぬ》かれていくのはつらいと思うよ。

本当に、インドだとかブラジルだとかさ。まあ、中国には、とうに抜かれてるけどさあ。こういう国々に抜かれていくのは、日本もつらいだろうと思う。どんどん順番が変わっていくの。マラソンで抜かれていくような感じ？　みんなのやる気がなくなってね、平凡《へいぼん》化していって、嫉妬《しっと》のない世界ができるんだよ。

酒井　もし、そうしたことに責任の一端《いったん》を感じていらっしゃるんでしたら、その反対の考え方を残していけばよいと思いますが。この霊言《れいげん》も、本になって発刊されると思いますので。

江副浩正　いや、だから、今は就職もなかなかできない時代になってるし、フリーターとか……、転職もそんなに簡単でないからねえ。会社を辞《や》めて、アルバイトだけで生活してる子持ちのお母さんなんかの、ワーキングプアの時代に入ってるんだろ?

俺《おれ》だったら、これは、転職・就職ができるような何かを考えるだろうとは思うんだけどね。

だから、このへんの、「もう一回転職して再キャリアをつけるためのシステムをつくる」ところあたりに、まだ仕事の余地は残ってるとは思う。

例えば、「何かを〝ぐる〟ことによって、そういうことができるようになるチャンスを得る」っていうのは、ありえるような気がするんだけどね。

だけど、その全部を福祉《ふくし》だけに持っていくっていうのかなあ、税金のばら撒《ま》きだけで埋《う》めようとするのは、無理があるような気はするね。

だから、政策が失敗したんじゃないかなあ。

ちょうど俺が失脚《しっきゃく》したところに「男女雇用《こよう》機会均等法」をやったけど、「女性も働かせたら、男性と同じだけ税金が取れる」と思ってやったところが、失敗をしたんじゃないかねえ。

結局、「女性も男性と同じ扱《あつか》いにしたら、得られるポストが減ってしまって、給料が上がらなくなって、それで離婚《りこん》した場合には、家族を養えない状態に陥《おちい》る」という現象が来たんじゃないのか。

小林　それは、「ゼロサムだった」ということ……。

江副浩正　そうだね。

小林　とりあえず、今の時点では、「ゼロサムだった」ということだと思うんですが……。

江副浩正　経済成長がなければね。経済成長が二倍になっとれば、それは、みんな同じようになっただろうね。

「世界経済の未来」と「日本が取るべき策」とは

江副浩正　「なぜ、ゼロサムになったか」についての理由には分かりかねる部分があるけども、まあ、一時期、「東京の地価だけで、アメリカ全土が買える」なんて、ワアワアと騒《さわ》いでいた時期があったからね。あのときあたりで、「これは、おかしいんだ」と言うて、やめ始めたのがあったよね。

そういう時期があったけど、何か、ほかに方法があったかどうか……。土地もなく、資源もない国に、何か、ほかにあったかどうか考えるとねえ……。

まあ、今は、お金といったって、日銀券の一万円札が、本当にあるわけじゃない。電子マネーとか、計算上のマネーだけが、地球上にたくさん存在してるけど、現実のお金はないし、金《きん》の裏付けがあるわけでもないからねえ。だから、いずれ、これが、みんな幻想《げんそう》と化す時代が来るのかもしれないけどねえ。

小林　いずれにしても、その部分については、これから、われわれが思想戦で戦っていきたいと思っておりますので。

江副浩正　いや、もう、「鎖国《さこく》」したほうがいいよ。

小林　いえいえ。鎖国ではなくて……。

江副浩正　あのねえ、「憲法九条の改正」に、あんなに反対する人がいるんだからさあ。「改正して、戦おう」なんて言ったたって、〝廃墟《はいきょ》〟になるんだろうから、「憲法を守って、鎖国して、三百年間たったたら〝蓋《ふた》〟を開けます。そのとき、世界がどうなっているか、もう一回、見ましょう」って。

小林　そういう立論も一つありえるかとは思うのですけれども……。

江副浩正　徳川家康《とくがわいえやす》をお呼びして、新しい首相になってもらえ。

国民に寛容性《かんよう》がなくなると「消えてしまうもの」

小林　今日、江副さんをお呼びした趣旨《しゅし》といいますか……。まあ、私も、この収録が始まる前にザッとレビューして、すごく感謝した部分は何かといいますと、リクルート事件の発端《ほったん》になった、あの「川崎《かわさき》市役所の件」についてです。

あれの何が問題になったかといいますと、残っている記録によれば、要するに、容積率制限への適用除外をお願いしたことに対する賄賂《わいろ》と見なし、「違法性《いほう》がある」という立論になっていたようです。

しかし、バブルが来たときの対処の仕方として、先ほど江副さんもおっしゃったように、「そこで頭打ちにして潰《つぶ》してしまうのではなく、例えば建築規制など、いろいろなものを緩和《かんわ》して、より大きな富をつくり出し、広げるほうに持っていくことができれば、実は、日本経済をもっと大きくすることができたのだ」という考えもあるのですね。まあ、これは、大川総裁も述べているわけですが。

江副浩正　でも、聞かないんだよ。小さなことについては、みんな、「頭がいい」って分かるんだけど、大きなことは分からないんだよ。「小さなことで、うまいことやった」とか、そういうのは、みんな、よく分かるんだ。

小林　ええ。ですので、江副さんは、それを一つの方向性として、直感的に感じ取られ、チャレンジされたがゆえに、ああいう事件の発端《ほったん》をつくられましたが、そういう意味では、時代に殉《じゅん》じられたといいますか……。

江副浩正　うーん。

小林　やはり、「時代を切り拓《ひら》くために頑張《がんば》られたのだな」ということが、すごくよく分かりましたので、ぜひ……。

江副浩正　いやあ、俺なんかはさあ……。まあ、先ほどのように、田中角栄《たなかかくえい》さんと比較《ひかく》されるようなこともあるけども、やっぱり、雪国だった新潟《にいがた》

田中角栄の霊に訊いた長期不況対策

『救国の秘策――公開霊言　高杉晋作・田中角栄――』『景気回復法――公開霊言　高橋是清・田中角栄・土光敏夫――』（共に幸福の科学出版刊）

に、トンネルを通して、幹線道路を通してさあ、生活を便利にして感謝された人が、外国のロッキード社から、賄賂をもらって……、まあ、幾《いく》らもらったか知らんがね。五億円ぐらいもらったのかもしれないけども、「損したのならともかく、儲《もう》かったんだったら、五億円ぐらい、別にいいじゃないか」っていうのが新潟県民の意識だろ?

儲かったし、その機種の選定も、実際上は悪くなかったっていうか、まあ、「それ以外になかった」という選定をした。何も悪いことをしていないし、日本に五億円の国富を増やした……、まあ、私腹を肥《こ》やしたのかもしらんけど、とにかく、税金を使わないで、自分のお金で政治をやろうとしたんだろうからさ。

まあ、そういうのを寛容《かんよう》に見るような国民性があれば、まだまだ、いろいろな自由性は残っただろうけど、やっぱり、「寛容性」がなくなったところに、「自由」はなくなるわなあ。

「小保方《おぼかた》氏の事件」と「リクルート事件」の共通点とは

小林　本当に、そういう意味では、日本人のあるべき姿といいますか、生きるべき道を、身をもって示し、ややイエス・キリスト的に迫害《はくがい》されてしまったのかもしれませんが……。

江副浩正　イエス・キリストって……。俺は、そんなに偉《えら》くはないわ。

小林　まあ、そういう意味では、人間として、あるいは、発展を目指す人間としての姿を……。

江副浩正　最近、君らは、小保方《おぼかた》さんとかいう女の子のさあ、博士の事件で騒いでいたね。

あれは、「小さな事件」のように見えるけど、実は、あれだって、「大きな事件」なんだよ。
君らは、それを感知しているけど、大手のマスコミは、みんな感知してないんだよ。彼らは、叩《たた》いて飯《めし》が食えれば、それで済むんだけど、実は、あれは、安倍《あべ》さんの「成長戦略」の一つを崩《くず》しにかかっているわけで……。

酒井　あれにも、リクルート事件と同じ雰囲気《ふんいき》を感じますね。

江副浩正　そうだよ。おんなじだよ。要するに、これは、「理系の成長産業をぶっ潰す事件」なんだよ。だから、小さくないんだよ。ほんとは、小さくない事件なんだ。

2014年4月9日、理化学研究所(当時)の小保方晴子氏はSTAP細胞論文に関する記者会見を開いた(写真右)。その前日、小保方氏守護霊が真相を激白(『小保方晴子さん守護霊インタビュー それでも「STAP細胞」は存在する』)。2015年6月18日、再び同氏守護霊が真相を語った(『小保方晴子博士守護霊インタビュー――STAP細胞の真偽を再検証する――』〔共に幸福の科学出版刊〕)。

だから、大川総裁が、あれだけ釘《くぎ》を刺《さ》して、意見を言ったんだと思うんだけど、彼らには、小さい事件のように見えるんだよ。誰《だれ》もが判断できる事件のように見えるのよ。ところが、実は違うんだよ。

「今のままでは指導霊団《しどうれいだん》に入れない」と嘆《なげ》く江副元会長

酒井　江副さんには、そういう感度があるではないですか。

江副浩正　え？

酒井　それが、「成長戦略である」と。

江副浩正　それは分かるよ。そのくらいのことは分かるよ。

酒井　では、なぜ、暗いことしかおっしゃらない？

江副浩正　え？　暗いことって……。だってさあ、今、俺に対して感謝してる人が、世の中に、どれだけいると思っててんのよ。

小林　いや、ただ、田原総一朗《たはらそういちろう》さんなど、いろいろな方が本を書かれて、「ああ、実は、そうだったんだ」というふうに、今、各所で見直しは始まっていますので、これから時間とともに、「江副見直し論」といいますか、そういうものも出てくると思うのですけれども……。

江副浩正　いや、俺の今のレベルじゃねえ、幸福の科学の指導霊団《しどうれいだん》にだって入れてもらえないんだからさあ。まだ無理なんだよ。もうちょっと〝滝行《たきぎょう》〟をして、反省行をやらないと……。

酒井　そうしたら、入れるのですか。

江副浩正　ええ。まだまだ、今のままではなれないんだよ。指導してもらうと……。

酒井　（他の質問者を指して）過去世《かこぜ》で、この方々を知っていますか。

江副浩正　ええ？　いや、それは……。

酒井　会ったことがあります？

江副浩正　きっと偉い方なんだろうよ。

酒井　知らない？
江副浩正　きっと偉い方なんだろうと思うが、出版業としては、俺のほうが、ちょっとだけ頑張ったな。
小林　いずれにしても、清算をされたら、それなりのところへ戻《もど》られて、実は、本来、規模相応にご指導もいただける方だと？
江副浩正　分かんない。まあ、そらあ、ここの先生にお願いしないと……。ただ、今日、コネができたからさあ。人間関係は大事にしなきゃいけないな（会場笑）。
（酒井に）君ぃ、しっかりご奉仕《ほうし》するんだよ。君のご奉仕した分が、私のほうの得点になって、加点される可能性があるからさ。

酒井　いやいやいや……（苦笑）。江副さんは江副さんで、頑張ってください。

小林　少なくとも、会社を設立されてからの動きというのが、まあ、一つのケーススタディと言うと、たいへん失礼ですけれども、われわれの学びの対象になりましたし。

江副浩正　だから、アメリカなんかだったら、偉人《いじん》になる、立志伝中《りっしでんちゅう》の人物になるスタイルなんだけどね。

「戦後体制の限界」を見抜《みぬ》けなかったマスコミ

酒井　もう一つ言いますと、私は、一九九一年に、幸福の科学に来たのですが、そうしたら、「講談社フライデー事件」というのが起こりました。

●**講談社フライデー事件**　1991年5月頃より講談社が「週刊フライデー」誌上などで幸福の科学を誹謗・中傷し始め、同年9月、それに対して信者たちが抗議した出来事。

江副浩正　ああ。

酒井　結局、あのときは、マスコミ全盛の時代だったんですよ。

江副浩正　ああ、そうだね。

叩く対象があるときが、いちばん儲かるときだからね。敵が大きけりゃ大きいほど儲かるんだよ。そういう職業なんで……。

酒井　彼らは、儲かったと思います。

江副浩正　本当は、あの段階で、戦後体制における、一つの壁《かべ》は来ていたんだよ。

「憲法を守り、そして、戦後ＧＨＱの教えを守って、『表現の自由』『出版の自由』

を守る。民主主義の下《もと》では言論こそが正義で、その言論は〝ガラスの城〟だから守らなきゃいけない。『言論の自由』を守ることこそ、憲法を守り、『民主主義体制』『戦後体制』を守ることだ」っていうのが、実は、あの段階で、レベルを超《こ》えたんだよな。限界値を超えたんだけど、まあ、それを見抜《みぬ》けるほどの人はいなかったっていうことだろうね。いまだにいないかもしれないけども。

小林　あれから二十年たちましたが、これから、われわれも含《ふく》めて、チャレンジをしていきますけれども、また、どこかの機会に、ぜひ……。

江副浩正　まあ、最近、マスコミに意見を言ったり、マスコミを批判する宗教も、どっかから出てきたようであるから、まあ、〝打ち首〟覚悟《かくご》でやってらっしゃるんだったら、俺と一緒《いっしょ》に、〝さらし首〟になるのも、悪くはないわなあ。

まあ、後世、骨を拾《ひろ》ってもらえれば、救世主の条件を満たすかもしれないから、それもいいかもなあ。

酒井　とにかく、それが国の繁栄《はんえい》にかかわっているかぎり、われわれは、一歩も退《ひ》かないということです。

「失われた二十年の原因」と「安倍《あべ》首相への献策《けんさく》」

酒井　それでは、今日は、これで終了《しゅうりょう》とさせていただきます。

江副浩正　だけど、あんまり成功しすぎないほうがいいよ。

酒井　ええ、ありがとうございます。

江副浩正　だから、それはねえ……。

綾織　今日のご意見は、「警告」として受け止めさせていただきます。ありがとうございます。

江副浩正　出世しすぎたら、次は、落ちるしかないんだ。

酒井　ええ。本当にありがとうございました。

江副浩正　なんか、さみしいなあ。さみしい別れ方だなあ。

酒井　もし、（幸福の科学の）指導霊団に入ることが許されたら、またお越しください。

江副浩正　「リクルート事件、失われた日本経済20年の謎《なぞ》」は解けたのかね？

小林　ええ。解けたような感じはします。

江副浩正　「ムラ社会の嫉妬心」と、「平等心」と、「日本教」が原因であるということだな。

そして、私が勧《すす》める安倍《あべ》首相への献策《けんさく》は、「もう一回、三百年鎖国をやってみて、蓋を開けてみたそのとき、世界がどうなっているか見てみるのも、一つかもしれない」ということだね。

今、全盛の企業《きぎょう》はみんな「潰《つぶ》し合っていく」

江副浩正　幸福の科学の未来は、さっぱり分からない。

綾織　分かるようになったら、また来てくだされば、ありがたいです。

江副浩正　ただ、今、全盛の企業《きぎょう》は、おそらく、みんな殺し合って、潰《つぶ》し合っていくことだけは、はっきり分かる。これは、もうはっきり分かる。

酒井　はい。

江副浩正　もう、一世代もたないのは、はっきり分かる。

酒井　分かりました。

綾織　マスコミへの警鐘《けいしょう》を鳴らしていきます。

江副浩正　ここの教祖が、それを見抜いていることも、はっきり分かっている。それは分かっている。

やっぱり、世の中の事象で、「おかしい」と思うものは、早めに分からなければいけない。

酒井　はい。

江副浩正　あと、戦争と平和の問題とかは、ちょっと大きすぎて、私には分かりかねるけども。安倍さんが推進している、戦争対応型の〝あれ〟が、ほんとに日本の未来にとって、いいのかどうかを言うような立場にないので、私には分からない。

ただ、そうした、戦争が起きるような時代になると、「インフレの時代」になるのは間違いないので、デフレ脱却《だっきゃく》にはなるかもしれないということは言えます（笑）。「消費の時代」だからね。

酒井　はい。

江副浩正　物が必要になる時代がやってくるから、そういう意味でのインフレは起きるかもしれない。

だから、インフレになって、結果オーライになるか。自分のところが戦場になって、廃墟になるか。そのへんについては、私には分からない。それは、政治家の力だろうね。

酒井　はい。本日は、どうもありがとうございました。

13　江副浩正氏の霊言《れいげん》を終えて

大川隆法　（二回手を叩《たた》く）うーん。少々複雑なあたりで、いまだ〝骨折〟しているような状態でしょうか。

酒井　そうですね。まだ、かなり厳しいです。

大川隆法　ギプスをして、杖《つえ》をついているような状態で、まだ本調子にまでは返っていないですね。

まあ、酒井さんという、〝偉大《いだい》な人材〟を遺《のこ》していったことが、この人（江副氏）の功徳《くどく》かもしれません。

酒井　（苦笑）

大川隆法　確かに、「一本調子の成功」というのは、「天狗《てんぐ》っぽい」というか、まあ、龍《りゅう》が昇《のぼ》っていくような感じではあったのだろうと思います。

ただ、松下幸之助《まつしたこうのすけ》さんが言うように、「三回に一回ぐらいは、失敗したほうがよい」ではないけれども、こまめに、いろいろとした躓《つまず》きがあったほうが、勉強になったのかもしれませんね。

最近、「項羽《こうう》と劉邦《りゅうほう》 King's War」のドラマ（全八十話）が終わったのですが、そのあとで、総集編的な、一時間ぐらいの現地レポート番組もありました。そのなかで、レポーターが、「項羽は、一回も負けなかったのがいけなかった。戦いが始まったとき、項羽は二十代だったが、劉邦は四十代で経験があったし、その後も、たくさん負けていたのだ。しかし、最後には、そちらが勝った。項羽が、それまでに一回でも負けていれば、あるいは違《ちが》ったかもしれないのに、一回も負けずに、最後の最後になって負けたというところに、大きな秘密があるような気がする」と、そういうようなことを言っていました。確かに幾《いく》つかの失敗は要《い》るのかもしれないですね。

当会も、小さな失敗は幾つかしていますが、それを受け入れないわけではなく、失敗をまったく見ないわけでもありません。「反省」もあれば、「常勝思考《じょうしょうしこう》」も持っています。

やはり、「弱みも見せつつ、成功していく道」を選ばなければいけないのかもしれませんね。

それから、これ見よがしに成功しすぎないように気をつけて、「謙虚《けんきょ》さの美徳」を持っていなければいけないと思います。

そのあたりに、よく気をつけて生きていきましょう。

はい、ありがとうございました（手を二回叩く）。

質問者一同　ありがとうございました。

あとがき

リクルート社の元会長・江副氏は、戦国時代に生まれたなら、一代の梟雄《きょうゆう》として名を遺《のこ》しただろう。

しかし、日本社会の護送船団型《ごそうせんだんがた》平等文化には、底知れぬ闇《やみ》の部分が潜《ひそ》んでいることにも十分注意すべきであったろう。ともすればこの社会では「嫉妬《しっと》」が「平等」と言いかえられることがあるからだ。

昔読んだ渡部昇一氏のある本に、日本人は海外に移民《いみん》しても日本人社会をつくり、嫉妬性の強い平等社会ができあがることを上手《じょうず》な比喩《ひゆ》を使って書いてあった。いわく、バケツの底にたくさんのカニを入れておくと、一匹がはい出そうとすると、他のカニがハサミでつかんで引きずり落とすというのだ。脱出に成功したカニが、次々と引っぱり上げれば、すべてのカニが助かるというのに、そうはしないのだ。皆が幸福になるよりは、「他人《ひと》の不幸は蜜《みつ》の味《あじ》」のほうを選ぶというのだ。

私たちは、「祝福」と「成功」の関係についてもっともっと学ぶべきであろう。

二〇一六年　二月三日

幸福《こうふく》の科学《かがく》グループ創始者兼総裁《そうししゃけんそうさい》　大川隆法《おおかわりゅうほう》

『リクルート事件と失われた日本経済20年の謎　江副浩正元会長の霊言』

大川隆法著作関連書籍

『救国の秘策――公開霊言　高杉晋作・田中角栄――』（幸福の科学出版刊）

『景気回復法――公開霊言　高橋是清・田中角栄・土光敏夫――』（同右）

『ダイエー創業者　中内㓛・衝撃の警告　日本と世界の景気はこう読め』（同右）

『小保方晴子さん守護霊インタビュー　それでも「ＳＴＡＰ細胞」は存在する』（同右）

『小保方晴子博士守護霊インタビュー――ＳＴＡＰ細胞の真偽を再検証する――』（同右）

『平成の鬼平へのファイナル・ジャッジメント
――日銀・三重野元総裁のその後を追う――』（幸福実現党刊）

リクルート事件《じけん》と失《うしな》われた日本経済《にほんけいざい》20年《ねん》の謎《なぞ》
江副浩正元会長《えぞえひろまさもとかいちょう》の霊言《れいげん》

2016年 2 月15日　初版第 1 刷

著　者　　大川《おおかわ》隆法《りゅうほう》

発行所　　幸福の科学出版株式会社

〒107-0052 東京都港区赤坂 2 丁目 10 番 14 号
TEL(03)5573-7700
http://www.irhpress.co.jp/

印刷・製本　株式会社 堀内印刷所

落丁・乱丁本はおとりかえいたします

ISBN978-4-86395-471-7 C0030

写真：時事／毎日新聞社／時事通信フォト／共同通信社／ＵＰＩ・サン＝共同
EPA ＝時事／ Andreas Praefcke ／ Monaneko ／ Rs1421
©TOMIO TAKAHASHI/orion /amanaimages

大川隆法 霊言シリーズ・経営者たちの本心を聞く

稲盛和夫守護霊が語る
仏法と経営の厳しさについて

実戦で鍛えられた経営哲学と、信仰で培われた仏教精神。日本再建のカギとは何か――。 いま、大物実業家が、日本企業の未来にアドバイス！

1,400円

柳井正社長の守護霊インタビュー
ユニクロ成功の霊的秘密と世界戦略

反日暴動でもユニクロが中国から撤退しない理由とは――。「逆張り」の異端児・柳井社長守護霊が語った、ユニクロ戦略の核心と、その本音に迫る！

1,500円

三木谷浩史社長の守護霊インタビュー
「楽天」とIT産業の未来

キャッシュレス、ネット選挙、個人情報の寡占化……。誰も知りえなかった楽天・三木谷社長の本心を、守護霊インタビューで明らかにする。

1,400円

大川隆法ベストセラーズ・成功する経営学を学ぶ

実戦マーケティング論入門

経営を成功に導くための市場戦略

総合商社でのニューヨーク勤務と巨大非営利事業の経営成功体験から、抽象論になりがちな「マーケティング論」を〝実戦〟に即して入門解説。

1,500円

「実践経営学」入門

「創業」の心得と「守成」の帝王学

「経営の壁」を乗り越える社長は、何が違うのか。経営者が実際に直面する危機への対処法や、成功への心構えを、Q&Aで分かりやすく伝授する。

1,800円

経営が成功するコツ

実践的経営学のすすめ

付加価値の創出、マーケティング、イノベーション、人材育成……。ゼロから事業を起こし、大企業に育てるまでに必要な「経営の要諦」が示される。

1,800円

※表示価格は本体価格（税別）です。

大川隆法ベストセラーズ・発展する企業を創る

未来創造のマネジメント

事業の限界を突破する法

豪華装丁
函入り

変転する経済のなかで、成長し続ける企業とは、経営者とは。戦後最大級の組織をつくり上げた著者による、現在進行形の経営論がここに。

9,800円

社長学入門

常勝経営を目指して

豪華装丁
函入り

デフレ時代を乗り切り、組織を成長させ続けるための経営哲学、実践手法が網羅された書。

9,800円

逆転の経営術

守護霊インタビュー
ジャック・ウェルチ、カルロス・ゴーン、ビル・ゲイツ

豪華装丁
函入り

会社再建の秘訣から、逆境の乗りこえ方、そして無限の富を創りだす方法まで――。世界のトップ経営者3人の守護霊が経営術の真髄を語る。

10,000円

大川隆法 霊言シリーズ・失われた二十年の謎に迫る

政治家が、いま、考え、なすべきこととは何か。元・総理 竹下登の霊言

消費増税、マイナンバー制、選挙制度、マスコミの現状……。「ウソを言わない政治家」だった竹下登・元総理が、現代政治の問題点を本音で語る。【幸福実現党刊】

1,400円

平成の鬼平へのファイナル・ジャッジメント

日銀・三重野元総裁のその後を追う

20年不況の源流であり、日本の好景気を潰した三重野元総裁は死後どうなっているのか!? その金融・経済政策が、いまジャッジされる！【幸福実現党刊】

1,400円

宮澤喜一 元総理の霊言

戦後レジームからの脱却は可能か

失われた20年を招いた「バブル潰し」。
自虐史観を加速させた「宮澤談話」──。
宮澤喜一元総理が、その真相と自らの胸中を語る。【幸福実現党刊】

1,400円

※表示価格は本体価格(税別)です。

大川隆法シリーズ・最新刊

「アイム・ファイン!」になるための7つのヒント

いつだって、天使はあなたを見守っている

人間関係でのストレス、お金、病気、挫折、大切な人の死──。さまざまな悩みで苦しんでいるあなたへ贈る、悩み解決のためのヒント集。

1,200円

遠藤周作の霊界談義

新・狐狸庵閑話

『沈黙』などの純文学やエッセイで知られる遠藤周作氏が霊界から贈る、劣等感や恋愛に悩む人、高齢者へのユーモア溢れる虚虚実実のアドバイス。

1,400円

幻冬舎社長　見城徹　天才の嗅覚

成功しなきゃ、仕事じゃない!!　出版界の「怪物」の守護霊が語る、挑戦的かつ過激な仕事論とは。数々のヒット戦略の狙いと、その勝負哲学に迫る。

1,400円

新・神国日本の精神

真の宗教立国をめざして

大川咲也加　著

先人が国づくりに込めた熱き思いとは。明治憲法制定に隠された「歴史の真相」と「神の願い」を読み解き、未来を拓くための「真説・日本近代史」。

1,500円

大川隆法「法シリーズ」・**最新刊**

正義の法

法シリーズ
第22作

憎しみを超えて、愛を取れ

テロ事件、中東紛争、中国の軍拡――。
どうすれば世界から争いがなくなるのか。
あらゆる価値観の対立を超える
「正義」とは何か。
著者二千書目となる「法シリーズ」最新刊！

2,000円

第１章　神は沈黙していない――「学問的正義」を超える「真理」とは何か
第２章　宗教と唯物論の相克――人間の魂を設計したのは誰なのか
第３章　正しさからの発展――「正義」の観点から見た「政治と経済」
第４章　正義の原理
――「個人における正義」と「国家間における正義」の考え方
第５章　人類史の大転換――日本が世界のリーダーとなるために必要なこと
第６章　神の正義の樹立――今、世界に必要とされる「至高神」の教え

幸福の科学出版　※表示価格は本体価格(税別)です。

幸福の科学グループのご案内

宗教、教育、政治、出版などの活動を通じて、地球的ユートピアの実現を目指しています。

幸福の科学

一九八六年に立宗。信仰の対象は、地球系霊団の最高大霊、主エル・カンターレ。世界百カ国以上の国々に信者を持ち、全人類救済という尊い使命のもと、信者は、「愛」と「悟り」と「ユートピア建設」の教えの実践、伝道に励んでいます。

（二〇一六年二月現在）

愛

幸福の科学の「愛」とは、与える愛です。これは、仏教の慈悲《じひ》や布施《ふせ》の精神と同じことです。信者は、仏法真理をお伝えすることを通して、多くの方に幸福な人生を送っていただくための活動に励んでいます。

悟り

「悟り」とは、自らが仏の子であることを知るということです。教学《きょうがく》や精神統一によって心を磨き、智慧《ちえ》を得て悩みを解決すると共に、天使・菩薩《ぼさつ》の境地を目指し、より多くの人を救える力を身につけていきます。

ユートピア建設

私たち人間は、地上に理想世界を建設するという尊い使命を持って生まれてきています。社会の悪を押しとどめ、善を推し進めるために、信者はさまざまな活動に積極的に参加しています。

国内外の世界で貧困や災害、心の病で苦しんでいる人々に対しては、現地メンバーや支援団体と連携して、物心両面にわたり、あらゆる手段で手を差し伸べています。

年間約３万人の自殺者を減らすため、全国各地で街頭キャンペーンを展開しています。

公式サイト **www.withyou-hs.net**

ヘレン・ケラーを理想として活動する、ハンディキャップを持つ方とボランティアの会です。視聴覚障害者、肢体不自由な方々に仏法真理を学んでいただくための、さまざまなサポートをしています。

公式サイト **www.helen-hs.net**

ハッピー・サイエンス・ユニバーシティ

Happy Science University

私たちは、理想的な教育を試みることによって、
本当に、「この国の未来を背負って立つ人材」を
送り出したいのです。

（大川隆法著『教育の使命』より）

ハッピー・サイエンス・ユニバーシティとは

ハッピー・サイエンス・ユニバーシティ（HSU）は、大川隆法総裁が設立された
「現代の松下村塾」であり、「日本発の本格私学」です。
建学の精神として「幸福の探究と新文明の創造」を掲げ、
チャレンジ精神にあふれ、新時代を切り拓く人材の輩出を目指します。

住所 〒299-4325 千葉県長生郡長生村一松丙 4427-1
TEL.0475-32-7770

学部のご案内

人間幸福学部

人間学を学び、新時代を切り拓くリーダーとなる

人間の本質と真実の幸福について深く探究し、
高い語学力や国際教養を身につけ、人類の幸福に貢献する
新時代のリーダーを目指します。

経営成功学部

企業や国家の繁栄を実現する、起業家精神あふれる人材となる

企業と社会を繁栄に導くビジネスリーダー・真理経営者や、
国家と世界の発展に貢献する
起業家精神あふれる人材を輩出します。

未来産業学部

新文明の源流を創造するチャレンジャーとなる

未来産業の基礎となる理系科目を幅広く修得し、
新たな産業を起こす創造力と起業家精神を磨き、
未来文明の源流を開拓します。

未来創造学部

2016年4月
開設予定

時代を変え、未来を創る主役となる

政治家やジャーナリスト、ライター、俳優・タレントなどのスター、
映画監督・脚本家などのクリエーターを目指し、国家や世界の発展、
幸福化に貢献できるマクロ的影響力を持った徳ある人材を育てます。

キャンパスは東京がメインとなり、2年制の短期特進課程も新設します
（4年制の1年次は千葉です）。2017年3月までは、赤坂「ユートピア
活動推進館」、2017年4月より東京都江東区（東西線東陽町駅近く）
の新校舎「HSU未来創造・東京キャンパス」がキャンパスとなります。

教育

学校法人 幸福の科学学園

学校法人 幸福の科学学園は、幸福の科学の教育理念のもとにつくられた教育機関です。人間にとって最も大切な宗教教育の導入を通じて精神性を高めながら、ユートピア建設に貢献する人材輩出を目指しています。

幸福の科学学園

中学校・高等学校（那須本校）
2010年4月開校・栃木県那須郡（男女共学・全寮制）
TEL **0287-75-7777**
公式サイト **happy-science.ac.jp**

関西中学校・高等学校（関西校）
2013年4月開校・滋賀県大津市（男女共学・寮及び通学）
TEL **077-573-7774**
公式サイト **kansai.happy-science.ac.jp**

ハッピー・サイエンス・ユニバーシティ（HSU）
TEL **0475-32-7770**

仏法真理塾「サクセスNo.1」 TEL **03-5750-0747**（東京本校）
小・中・高校生が、信仰教育を基礎にしながら、「勉強も『心の修行』」と考えて学んでいます。

不登校児支援スクール「ネバー・マインド」 TEL **03-5750-1741**
心の面からのアプローチを重視して、不登校の子供たちを支援しています。
また、障害児支援の**「ユー・アー・エンゼル！」運動**も行っています。

エンゼルプランV TEL **03-5750-0757**
幼少時からの心の教育を大切にして、信仰をベースにした幼児教育を行っています。

シニア・プラン21 TEL **03-6384-0778**
希望に満ちた生涯現役人生のために、年齢を問わず、多くの方が学んでいます。

NPO活動支援

学校からのいじめ追放を目指し、さまざまな社会提言をしています。また、各地でのシンポジウムや学校への啓発ポスター掲示等に取り組む一般財団法人「いじめから子供を守ろうネットワーク」を支援しています。

公式サイト **mamoro.org**
ブログ **blog.mamoro.org**
相談窓口 **TEL.03-5719-2170**

政治

幸福実現党

内憂外患《ないゆうがいかん》の国難に立ち向かうべく、二〇〇九年五月に幸福実現党を立党しました。創立者である大川隆法党総裁の精神的指導のもと、宗教だけでは解決できない問題に取り組み、幸福を具体化するための力になっています。

党員の機関紙
「幸福実現NEWS」

TEL 03-6441-0754
公式サイト hr-party.jp

出版メディア事業

幸福の科学出版

大川隆法総裁の仏法真理の書を中心に、ビジネス、自己啓発、小説など、さまざまなジャンルの書籍・雑誌を出版しています。他にも、映画事業、文学・学術発展のための振興事業、テレビ・ラジオ番組の提供など、幸福の科学文化を広げる事業を行っています。

アー・ユー・ハッピー？
are-you-happy.com

ザ・リバティ
the-liberty.com

幸福の科学出版
TEL 03-5573-7700
公式サイト irhpress.co.jp

THE FACT

ザ・ファクト
マスコミが報道しない
「事実」を世界に伝える
ネット・オピニオン番組

Youtubeにて
随時好評配信中！

ザ・ファクト 検索

入会のご案内

あなたも、幸福の科学に集い、ほんとうの幸福を見つけてみませんか？

幸福の科学では、大川隆法総裁が説く仏法真理をもとに、「どうすれば幸福になれるのか、また、他の人を幸福にできるのか」を学び、実践しています。

入会

大川隆法総裁の教えを信じ、学ぼうとする方なら、どなたでも入会できます。入会された方には、『入会版「正心法語」』が授与されます。（入会の奉納は1,000円目安です）

ネットでも**入会**できます。詳しくは、下記URLへ。
happy-science.jp/joinus

三帰《さんき》誓願《せいがん》

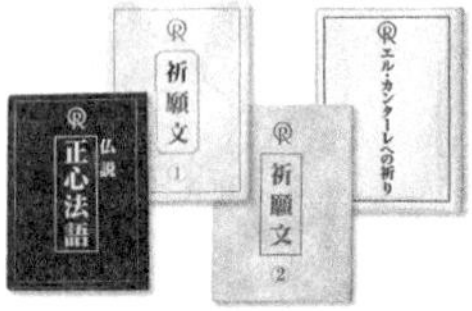

仏弟子としてさらに信仰を深めたい方は、仏・法・僧の三宝への帰依を誓う「三帰誓願式」を受けることができます。三帰誓願者には、『仏説・正心法語』『祈願文①』『祈願文②』『エル・カンターレへの祈り』が授与されます。

植福《しょくふく》の会

植福は、ユートピア建設のために、自分の富を差し出す尊い布施の行為です。布施の機会として、毎月1口1,000円からお申込みいただける、「植福の会」がございます。

ご希望の方には、幸福の科学の小冊子（毎月1回）をお送りいたします。詳しくは、下記の電話番号までお問い合わせください。

月刊「幸福の科学」

ザ・伝道

ヤング・ブッダ

ヘルメス・エンゼルズ

INFORMATION	**幸福の科学サービスセンター** **TEL. 03-5793-1727**（受付時間 火〜金：10〜20時／土・日・祝日：10〜18時） 幸福の科学 公式サイト **happy-science.jp**